Alibaba WORKING METHOD

阿里巴巴工作法

马云的工作哲学

| 陈伟◎编著 |

古吴轩出版社
中国·苏州

图书在版编目（CIP）数据

阿里巴巴工作法：马云的工作哲学 / 陈伟编著. --苏州：古吴轩出版社，2019.12
ISBN 978-7-5546-1497-6

Ⅰ. ①阿… Ⅱ. ①陈… Ⅲ. ①电子商务－商业企业管理－经验－中国 Ⅳ. ①F724.6

中国版本图书馆CIP数据核字（2019）第278378号

责任编辑：蒋丽华
见习编辑：顾　熙
策　　划：花　火　戚朔方
装帧设计：尧丽设计

书　　名：	阿里巴巴工作法：马云的工作哲学	
编 著 者：	陈　伟	
出版发行：	古吴轩出版社	
	地址：苏州市十梓街458号	邮编：215006
	电话：0512-65233679	传真：0512-65220750
出 版 人：	尹剑峰	
印　　刷：	天宇万达印刷有限公司	
开　　本：	670×950　1 / 16	
印　　张：	14	
版　　次：	2019年12月第1版　第1次印刷	
书　　号：	ISBN 978-7-5546-1497-6	
定　　价：	55.00元	

如有印装质量问题，请与印刷厂联系。0318-5302229

身为劳动者,工作能力决定了你的发展上限。要想提高自己的工作能力,就得掌握一些能提高效率的个人工作法及团队工作法。如今形形色色的工作法,无不是实践智慧的结晶。阿里巴巴员工使用的工作方法也不例外。

根据阿里巴巴集团官方网站的信息,截至2019年3月31日,阿里的全职员工总数为101 958人。这个数字还在不断增长。如果算上已经离职的阿里人,数量更加可观。这家诞生于1999年的企业从18个人发展到10万之众,离不开每一位阿里人的心血与汗水。从某种意义上说,这正是阿里人使用高效工作法的结果。

随着业务范围的不断扩大,阿里巴巴集团早已从单纯的电商平台进化为一个庞大的商业生态系统。众多阿里人在共同的企业使命与价值观的指导下,努力构建涵盖了消费者、商家、品牌、零售商、第三方服务提供商、战略合作伙伴及其他企业的数字经济体。

全体阿里人在工作过程中都围绕各自的业务不断总结经验教训,将其形成可以复制和推广的高效工作法。比如,号称"铁军"的销售团队,为客户竭诚服务的阿里"小二",专注改善团队运营状况的阿里"政委",都有自己的独门功夫。

本书所涉及的内容只是九牛一毛,还不足以道尽阿里人的实战智慧。不过,大道至简,越是实用的东西越简明。由于阿里巴巴的业务具有鲜明的自身特色,许多行之有效的工作方法放在其他情境下不一定能发挥出效果,所以本书着重挑选了其中既有代表性又能适应更多场景的经典工作方法。

阿里巴巴工作法既包含个人工作法,又包含团队工作法。促进劳动者的全面成长和保持快乐工作的热情,是阿里巴巴工作法的立足之本。通过学习这些富有阿里特色的实践智慧,我们的目标规划能力、执行效率、职业素养、沟通协调能力、服务能力、团队合作能力、创新能力、危机处理能力、学习总结能力等,都能获得比较明显的提升。

阿里巴巴集团内部流传着一句"土话"——刚工作的几年比谁更踏实,再过几年比谁更有激情。高效工作法只是提高工作水平的一个方面,另一个方面则是保持对工作的热情。在此希望所有阅读本书的读者都能像阿里人一样认真生活、快乐工作。

明确初心：再大的愿景目标也要坚持实现

以终为始，站在未来倒推今天的目标　　002

让所有人都为共同的愿景目标工作　　005

士兵需要的不是望远镜，而是地图　　008

每年只定三个最重要的目标，把第四个砍掉　　011

目标喊出来，让别人帮助和监督你　　014

错位竞争：做你做得到而别人做不到的事

明确什么是你的独特优势　　018

明白了大方向后，立即找到第一个突破口　　021

在竞争对手的前进道路上等着他　　025

机会只能抓一个，抓多了什么都会丢掉　　028

激发全员活力的阿里内部PK文化　　031

发展外围拍档，打造属于你的生态圈　　034

第三章

赋能授权：不要让团队中的任何一个人失败

如果不懂，把比你懂的人请来一起干　　038

疑人要用，用人也要疑　　041

身先士卒不是叫你干活时冲在最前面　　044

PM负责制：人人都能成为项目的领头雁　　047

全员都以阿里传奇战队为榜样　　051

第四章

职业素养："阿里铁军"的实力在于勇气和坚持

"铁军精神"：阿里人职业素养的标杆　　056

你的利益一定是自己打下来的　　059

成为团队的"发动机"，不要做"飞轮"　　061

不要让事情找你，你要主动找事情　　064

对目标很傻很天真，又猛又持久　　067

"铁军"顶尖销售员必备的工作好习惯　　070

第五章

有效执行：工作成果要能真正帮助别人生存

把你手头的工作当作吃饭来对待	076
别想做不做得到，关键是做不做、怎么做	079
与其抱怨老板关注细节，不如比老板更细致	082
所谓高效就是做好重要和紧急的事情	085
敬业不是每天加班，而是每天不断进步	088

第六章

贴心服务：主动把客户的麻烦留给自己

阿里巴巴的每个人必须是客服人员	092
"客户第一"不能混淆成"业绩第一"	096
与客户共同成长，帮客户过冬	099
把麻烦留给自己，你的麻烦就会越来越少	102
学会正确应对客户的反对意见	105
把全方位赋能合作伙伴当作永恒的追求	108

第七章

沟通协同：成为合作伙伴的最佳搭档

弄清自己该做什么，协同才有价值　　112

帮你赢得同伴信任的四句口诀　　115

"搭场子"：搭建无所不连的沟通渠道　　118

人人都要掌握三个方向的沟通　　121

有事摆在桌面上，不得找第三方抱怨　　124

第八章

创新试错："拥抱变化"是阿里人的一种境界

除了梦想之外，唯一不变的就是变化　　128

最大的错误就是停在原地不动　　131

创新必须是放松的，允许团队犯错误　　134

有功无过是短暂的，有功有过是最好的　　138

围绕未来生态布局开展内部创业　　142

第九章

危机处理：用每天的工作消灭未来的灾难

隐藏定时炸弹的四种职场怪现象　　146

守好"高压线"，但别忘了给"高压线""瘦身"　　149

"揪头发"：站在更高的位置看问题　　152

"闻味道"：观察团队、业务和人的状态　　155

用好组织诊断工具，避免出现新危机　　158

第十章

事后复盘：反思的目的是下一场赢回来

复盘不要让别人反思，反思你自己的问题　　164

做人才复盘，有些雷千万不能踩　　167

做好项目复盘的几个关键步骤　　170

"照镜子"：让所有人重塑自我认知　　173

现场办公会：把所有问题还原到起点去解决　　176

第十一章

全面成长：用人的最高境界是提升人

员工对自身的成长负责，领导对下属的发展负责　180

成就"中供铁军"威名的经验分享会　183

每个阿里"政委"都会的员工培养法　186

具有阿里特色的干部培养法　190

为员工创造环境，但员工的成长最终得靠自己　194

第十二章

团建活动：让每个进步给我们带来快乐和成果

打造一个让人快乐工作的江湖世界　198

推行"子橙文化"建设，让团队个性百花齐放　201

组织让大家感到自豪的纪念仪式　204

邀请离职的"校友"回家聚一聚　207

阿里日：创建有血有肉的企业文化品牌　210

后记

第一章

明确初心：
再大的愿景目标也要坚持实现

很多人对待工作，就跟学生对待作业差不多，认为工作都是别人分配给自己做的，而不是自己想要做的，能认真按要求完成公司布置的任务，就已经很不错了。这种消极的职场心态在阿里巴巴是不存在的。阿里人入职的一个重要条件就是认同阿里巴巴的企业愿景目标，愿意为之积极奋斗。阿里人在做工作规划时，无不是围绕着愿景目标来进行的。先根据未来的发展需要来设定目标，再通过合理的目标管理来循序渐进地实现公司的愿景目标。

以终为始，站在未来倒推今天的目标

阿里工作哲学

在阿里巴巴集团中，人人都要学会战略思考。阿里巴巴集团学术委员会主席曾鸣教授认为，战略思考中最核心的要素就是远见。远见是对未来发展的洞察，这是企业做战略判断的前提。阿里人从来不会只根据眼前的需要来做事，而是根据企业未来的发展需要来统筹自己的工作。曾鸣将这种工作思维方式称为"以终为始"。

"以终为始"是战略思考的核心。正如古人所说："不谋万世者，不足谋一时；不谋全局者，不足谋一域。"没有长远的眼光，没有对未来发展趋势的基本判断，企业就不能在竞争日益激烈的市场中长期生存。

也许有人会说，战略眼光对组织管理者很重要，但对普通员工没什么帮助。这种看法恰恰暴露了其短视的弱点。

大多数人都是从一线工作做起，逐步晋升为中高层管理者的。随着工作能力的提升，升职加薪的机会也越来越多。一个员工既能做好本岗位的工作，又有准确判断公司未来发展方向的战略眼光；另一个员工只能做好本岗位的工作，但不能对公司未来的发展提出什么合理化的建议。试问，如果你是老板，你愿意提拔哪一个员工？答案不言自明。

马云等十八位创始人（阿里巴巴内部称"创业十八罗汉"）成立阿里巴巴的时候，对电子商务该做成什么样其实还没有成型的想法。他们只是判断当时的中国企业需要接通对外贸易的桥梁，电子商务大有可为。他们那时还没听到曾鸣的"以终为始"理论，但实际上已经在实践这种思考方式了。

在"以终为始"理论的指导下，阿里人一直坚持围绕电子商务开疆拓土，根据未来的发展需要来规划自己的战略目标。上至公司战略决策，下到个人发展规划，无不贯彻着这四字方针的智慧。每次遇到转折点的时候，阿里人都会召开战略会议，讨论今后的"终"在哪里。

工作实例

阿里巴巴最开始其实没什么发展战略，第一次讨论战略是在2002年1月，讨论的结果是当年要"盈利一元钱"（当时很多互联网公司不盈利）。同年11月才正式召开战略会，提出年度战略规划制度——在每年9月开始做下一年度的战略计划，在12月底之前形成文件下发到各级管理层。次年元旦开始启动新的年度战略计划。

从此以后，阿里巴巴每年都坚持做年度战略计划，后来还加入了季度战略Review（回顾）制度。当外部市场发生重大变化或者公司遇到问题时，阿里巴巴就会召开战略会。有时候开会很频繁，比如2006年公司因整合雅虎、淘宝和支付宝而出现管理人才严重短缺等问题，为此一年内先后召开了六次战略会。

2007年的战略会奠定了今天阿里巴巴集团许多战略的雏形。各个子公司都复制了年度战略规划制度，围绕着统一的基本思想使出浑身解数，摸索适合自己的打法。

解析：以终为始的思考方式，关键在于看清楚什么是"终"。想象一下未来三年、十年、二十年世界会变成什么样，你所在的行业会变成什么样，未来发展的大方向就比较清楚了。我们今天的每一项具体工作，都应该为战略目标服务，否则再努力也只是白费力。

但是，不同的人对"终"的认识存在差异，不同的人心目中的未来是不一样的。由此设计出来的愿景目标和战略规划将会导向截然不同的道路。假如公司上下对"终"缺乏共识，那么在"始"的环节就会产生巨大的分歧。若是看错了"终"，今天的目标再清晰，计划再周密，依然只能收获失败的结局。

实战心得

有些问题是可以在短期内解决的，但另一些问题则需要较长的周期才能解决。于是有些人就不愿意做需要长期努力的事，只选择短期能完成的目标。阿里有句"土话"是："不要再纠缠于长期和短期，很多时候长期已经成为现在不做事情的借口。"对于阿里人来说，长期和短期不是关键，关键在于要解决什么问题。马云呼吁要着眼于未来三十年的竞争。这正是全体阿里人今天在准备的事情。

让所有人都为共同的愿景目标工作

> **阿里工作哲学**
>
> 许多企业刚成立的时候,并没有企业使命和愿景目标,对此也不重视。阿里巴巴从1999年成立开始,就提出了"让天下没有难做的生意"的企业使命,后来又制定了三大愿景目标。在此之后,阿里巴巴的每一项业务都围绕着愿景目标来进行。在招收新员工时,也以认可公司的愿景目标为前提条件。

道不同不相为谋。方向不一样,使用的方法不一样,需要的条件和资源也就不一样。如果没有共同的方向,人们是无法协作的,也就不可能成为一个好团队。在这种环境下,你的工作能力再强,也无用武之地。

志同道合的前提条件是拥有共同的企业使命和愿景,所有人都能为共同的愿景目标而努力奋斗。这恰恰是许多企业一开始忽略,后来流于形式的东西。企业固然是一个营利组织,但想真正做好一番事业,没有明确的使命和愿景目标是不行的。以下是阿里人的三大愿景目标:

愿景一：做102年的公司

阿里巴巴最开始的愿景是做80年的公司。这是马云提出来的，他对此解释说，他看到当时国内的互联网行业很乱，有些人在公司上市8个月后就圈钱跑掉了，并不是真心建设中国的互联网。这种赚快钱的风气非常有诱惑力。为了不让团队成员抱着投机心态创业，马云才提出这个愿景目标。

到了2004年时，阿里巴巴从互联网泡沫中脱颖而出。阿里巴巴重新设定了三个明确的愿景目标，其中一个就是做102年的公司。为什么是102年？从1999年到22世纪初，刚好是102年。马云希望阿里巴巴能成为横跨三个世纪的百年老店。

愿景二：成为全球最大的电子商务服务提供商

愿景目标跟公司的主要业务有关，但不能将二者简单等同起来。做102年的公司是个远大的理想，但它没有明确公司的发展方向。"成为全球最大的电子商务服务提供商"的愿景目标解决了这个问题。阿里创业团队最初的志向是"只要是商人，一定要用阿里巴巴"，后来又发展为"让天下没有难做的生意"。

直到今天，阿里巴巴依然还在朝全球最大的电子商务服务供应商的方向努力，不断构建自己的商业生态系统。成千上万的阿里人围绕着这个愿景目标，深入三四线城市，甚至贫困的山村，致力于用电商改善国人的生活质量，一点一滴地推动中国社会经济的进步。

愿景三：成为全球最佳雇主

马云曾经说："阿里巴巴要以人为本。人才是我们的本钱，我希望阿里巴巴的领导者永远用欣赏的眼光来看我们的员工。我们每年都要检视自己离世界最佳雇主还有多远，我们希望我们的员工变得富裕、变得开心。其实，很多公司比我们有钱，但员工并不用心。我们要做到的是，让我们的员工一辈子都有成就感。"

企业的愿景目标回答的是"我们想要创造什么？"的问题。什么东西对企业最重要，都体现在愿景目标之中。像阿里巴巴这样在1999年成立时就有明确的愿景的企业很少很少。这三大愿景目标让阿里人形成了这是"我们的公司"的自豪感，对自己为了什么而工作有了清晰的认识。

实战心得

愿景目标能否成为团队全体成员的共识，在很大程度上取决于企业文化建设。如果员工把赚钱当成第一目标，就不会愿意为长远的愿景目标牺牲短期利益。但许多公司的企业文化建设流于形式，只有空洞的口号，而没有配套的实践体系。阿里巴巴的解决办法是"虚事实做"，把愿景目标分解为价值观，又在每条价值观之下开列具体的考核标准。这样一来，阿里人就能明白做哪些事有助于实现公司的愿景目标了。

士兵需要的不是望远镜,而是地图

阿里工作哲学

马云认为,决定公司成败的不是老板是否英明,而是一线员工的素质和能力。正是一个个平凡的阿里员工,把阿里巴巴建成了中国最大的电子商务平台。可是话说回来,有些公司并非没有优秀的一线员工,却未能充分用好他们的力量。阿里有句"土话"是"士兵需要的不是望远镜,而是地图"。在正确的地图指引下,一线员工才能把任务完成得更好。

阿里人在确定战略后,会根据战略框架画出业务大图和组织大图。阿里努力让核心团队甚至全体员工都站在组织大图上,让每个人都知道自己处于组织的什么位置,需要做哪些业务,应该朝什么方向努力。

一般的公司很少能做到这一点,员工对公司的战略了解不深。阿里的做法让所有的员工都能看见公司的战略目标,然后再根据这个总目标来制订自己的工作计划,让目标变得清晰、具体和可行。

比如,阿里销售员在做计划时会估算出自己全年的预期业绩,然后综合考虑完成目标所需的条件、自己的能力、可以调动的资源、可能遇到的困难。经过全面而精确的分析，再按照季、月、周、日四个层级来逐级分解全年的目标任务，这样就知道了每一天具体要做哪些工作。在分解目标时，我们必须想明白以下三个问题。

1. 我们的市场在哪里？

我们的一切工作，最终都是为市场服务的。不吃透市场的需求和变化特点，工作再努力也是白费力。每个人面对的目标市场差异很大，构成市场的客户群体千差万别。当你换了一个市场，就等于是换了一批客户。再用同样的产品、服务和策略，很可能就不会产生效果。

此外，有的人可能同时面对着好几个市场。这时候就得权衡比较哪个市场最能产粮，哪个市场的开发难度大，哪个市场的客户忠诚度高。根据各个市场的情况来合理调整自己的工作重心，把最能贡献业绩的市场作为主战场，其他的是次要战场。至于已经没有价值的市场，就不必去费心开发了。

2. 我们的策略是什么？

我们通过什么样的策略来创造价值，是分解目标时必须考虑清楚的问题。有些策略需要较长的时间才能产生效果。你在采取这种策略时要有牺牲短期业绩的觉悟，还要避免因太久没有产出而造成考核不达标的不利局面。

采用积极大胆的竞争策略时，目标不宜定得过于保守，否则走一步又退两步，冒险就失去了意义。若是采取稳健的竞争策略，目标不宜定得过于宏大。那样会给自己制造过高的压力。人在高压之下可能会爆发出一定的潜力，但也更容易出错。

3. 我们的团队怎样分工？

在这个时代，单打独斗的成效往往有限，而且还很费力。要学会借助团队的力量，用团队战来完成目标。你要明确自己在团队中扮演的角色，围绕自己该做的事情来设计目标。

注意！我们在分解目标时要跟团队合作伙伴保持协调。不然，双方对工作的规划不一样，目标管理进度也存在差异，很容易出现配合脱节的情况。到头来，谁也难以按照目标计划来完成任务。一个个小目标被打乱，各级目标计划都会跟着乱。这样工作起来就会越忙越乱，越乱越忙。

实战心得

曾鸣在《我的战略观》中指出："在战略制定的过程中应该把中层融入进来。磨刀不误砍柴工。在战略制定上让他们多参与一些，其实大幅提升了执行的效率，因为他们理解了某一战略制定的逻辑和背景，而且有参与感，就能更积极主动地执行。"

中层管理者承上启下，是连接公司高层和一线员工的桥梁。他们只有充分理解公司的战略目标和组织大图，才能更好地将公司的意图传达给每一位"士兵"。这样做事纲举目张，有利于调动各个一线团队的积极性。

每年只定三个最重要的目标,把第四个砍掉

阿里工作哲学

马云曾经说:"为企业制定战略目标,绝对不能超过三个。超过三个,你就记不住了,员工也记不住。每年定目标,确定三个最重要的,第四个就砍掉。"后来,阿里巴巴的业务越来越多样化,集团多次重新分拆子公司,但这个做法依然被每个子公司贯彻执行着。各公司实际上不制定过多的战略目标。

有些企业对未来十年抱有一个大梦想,但不知道如何设定战略目标,就去找第三方咨询公司求助。部分咨询公司会在咨询报告里画一个九宫格,罗列出横向扩张和纵向扩张的方向。决策者看到九宫格上有A、B、C等九个点,就一拍脑袋把所有的点都覆盖掉。

曾鸣指出,这种追求全面占据产业最高点的企业几乎都会出问题,因为没有一个企业有实力去把握这样的格局。当公司的战略目标多而杂时,团队会疲于奔命,资金会捉襟见肘,最终无论哪个目标都很难完成。

马云提出的每年只定三个最重要目标的方法，能有效避免上述问题的产生。把不重要的目标砍掉了，人才和资源就能集中到重要的目标上，从而集中力量突破。这个工作方法的产生，与阿里巴巴创业初期的惨痛教训有直接关系。

工作实例

阿里巴巴度过了最初的资金困难阶段后，迎来了高速发展期。公司基于国际化战略考虑，招聘了多国人才，并在多个国家和地区设置了分部。马云还采纳美籍高管的建议，把公司总部搬到了美国硅谷。

当时的阿里迅猛扩张，一口气开辟了五个战场。就在大家满以为公司将遍地开花时，危机悄然降临。由于规模的大幅扩张，阿里每月的运营成本高达100万美元。各分部散布在不同的国家和地区，沟通成本也居高不下。公司推出的新业务没能受到市场欢迎，对海外资源的整合也出了问题。财政入不敷出。

到了2000年1月，阿里高层意识到不能再这样下去了，于是做出了三个重大的战略调整：

第一，把公司重心从国际市场转回中国市场（回到中国）。

第二，把业务重心放到中国沿海的六个省（回到沿海）。

第三，把公司总部搬回发源地杭州（回到中心）。

这意味着除了中国内地市场外，阿里在其他四个市场的战略目标全部作废。公司根据新的战略大刀阔斧地进行撤站裁员的封杀战略，把中国香港的办事处和美国、韩国的办事处都精简了。这一系列改革把公司每月的运营成本削减到了50万美元，为阿里巴巴赢得了一年宝贵的喘息时间。

解析：盲目扩张差点儿让这家企业中道消亡。阿里人经过这件事，意识到战略目标制定太多不是一件好事，应该集中力量办大事，把资源聚焦于几个最重要的目标上。我们要明确自己今年最重要的事有哪些，经过排序之后筛选出可以实现的目标，然后把其他不那么重要的目标都放弃。

决策者常犯的错误是舍不得精简目标，什么都想要，恨不得把市场中所有的制高点全部占领。占领市场制高点是对的，但谁也不可能把所有的制高点一网打尽。这种分散兵力和资源的做法，会给公司带来沉重的负担。既然没有余力去争取，何不一开始就放弃？有舍才有得。

实战心得

阿里人在设置目标时喜欢给自己加压，用一个比较高的目标来挑战自己。不断加压的过程，也是不断提高抗压能力的过程。由于提高了奋斗目标，你的心态会随之发生变化，必须投入更多的激情和韧劲来对抗压力。这将促使你积极思考更高效的办法来突破自身局限，在工作上达到更高的水平。在努力完成目标后，你将实现成长，收获成功。

目标喊出来，让别人帮助和监督你

> **阿里工作哲学**
>
> 找到了目标就有了奋斗的方向，但执行目标的过程总是充满坎坷。有些人在压力之下变得越来越拖延，难以专注地推进工作进度。阿里人经常说："必须高调地把目标喊出来，让别人帮你，让别人来监督你。"团队中的同伴既是你的监督员，也是你的好帮手。大家都知道彼此的目标，在互相砥砺中共同前进。

在阿里巴巴，在每个员工制定了个人的预期目标后，团队要在此基础上制定整个团队的预期目标，然后再根据实际情况进行分工。公司每个月都会组织启动大会，所有的团队都要轮流上台把自己的目标大声喊出来，让大家都知道你设置的是什么样的目标。

之所以举行这个启动仪式，是因为阿里人在工作中发现，把目标喊出来更有助于落实目标。假如每个人都把自己的目标藏在心里，完不成的时候就会心安理得地懈怠。毕竟，别人也不知道他们是否真正完成了目标，只是觉得他们看上去很忙碌、很努力。

一旦把目标公开喊出来,所有人都在监督你。如果你想打退堂鼓,就会变成众人的笑柄。出于自尊心,你将获得更多的动力去坚持到底。与此同时,同伴知道了你的目标,就能更好地为你提供支援,你也有更多的信心完成任务。

有些阿里人不但把目标大声喊出来,还立下军令状,如果完不成目标就如何如何,如果完成了目标就要大家满足自己一个愿望。诸如此类的对赌在阿里巴巴非常普遍,还留下不少趣闻。

工作实例

贺学友在2001年入职阿里巴巴之前做过多种工作。提起这位销售明星,人们的第一印象是"跟马云打赌输了跳西湖的那个人"。2003年2月,他在诚信通年度项目启动聚会上问马云,如果自己在2003年能做1 440万元的业绩会怎么样。

马云当时表示:"我不要求你做到1 440万元,你做到365万元就可以,一天一万元。"因为贺学友前一年才入围"百万俱乐部成员"(业绩突破100万元),在马云看来,他能做到365万元就行了。但贺学友自信满满地坚持以1 440万元为目标。

双方最终达成一个赌约。贺学友如果在2003年能做到365万元到账业绩+78%续签率,马云就要单独请他吃饭。如果没有完成,贺学友就跳西湖。

在整整一年中,贺学友把"年度1 440万"的奋战目标和当月奋战目标贴得到处都是,以便时时刻刻激励自己。他还把月度目标细分到每一周,把周目标细分到每一天,并在墙上贴了目标倒计时表。最终,贺学友的到账业绩达到了要求，但续签率比78%低一点。他愿赌服输，在大冷天和两个陪他一起认罚的经理跳下了西湖。此事成为阿里巴巴流传最广的一则趣闻。

解析： 贺学友打赌输了，但他的工作方法起到了很好的效果。通过把目标喊出来、跟别人打赌的方式来斩断自己的后路，把自己的目标计划细细分解后贴在墙上，并制作倒计时表来提醒自己按时完成计划。

为了保持工作激情，贺学友还在家中的工作台、床前、厕所里都贴上自己要完成的目标和激励自己的话。如此严密的目标管理让他能高效利用每一分钟，逐个攻克自己的小目标，依次完成中目标，最终提前实现大目标。这种卓有成效的工作方式，连马云都表示佩服不已。

实战心得

假如你没有完成目标，该如何是好呢？阿里人的做法是先看看自己的工作计划是否不够合理，再看自己跟客户及其他合作者在沟通协作上是否有不当之处。如果这两方面都没问题，再看看自己的身心状态怎样，是不是没有投入足够的激情，或者自信心不如以往那么充足。假如你的身心状态良好又具备激情和自信，那么问题可能出在你的能力上。你当前的能力不足以支撑你完成这个目标。不要灰心，我们接下来要说的就是从各方面提升工作能力的办法。

第二章

错位竞争：做你做得到而别人做不到的事

一个企业要想具备市场竞争力，离不开员工的竞争力。员工的竞争力高低虽然与自身才能、资质和条件有关，但在很大程度上也取决于得当的竞争策略。假如竞争策略出错，实力再强的人也无法赢得竞争，从而难以在市场上立足。阿里人从阿里巴巴成立之初就奉行错位竞争的原则，找出自己独特的优势，在正确的大方向上持续发力，比对手早一步打开突破口，为了把握主要机会，宁可放弃一些其他机会。通过错位竞争，阿里巴巴多次实现"弯道超车"，让昔日劲敌刮目相看。

明确什么是你的独特优势

阿里工作哲学

商界多年来推崇"木桶理论",认为公司和个人的短板决定其成就大小。但阿里人的看法不同。曾鸣指出:"一个人最重要的是发挥自己的长处,做到淋漓尽致,而不是拼命地补短板;因为补短板是永远补不够的。"马云也认为,明确自己的独特优势才是赢得竞争的根本。

有些人不知道自己该做什么事业,便采取模仿竞争对手的策略。看到现在流行什么就跟风去做什么,希望赶上一个能丰收的风口。即使发不了大财,也不至于大赔。这种想法非常普遍,但阿里人认为这是取败之道。

马云指出:"你必须考虑,什么是你的独特优势,什么是你做得到而别人做不到的。不管你做什么行业,我的建议是,如果你觉得做不过别人,就千万不要去做,因为大家一哄而上,必然会一哄而下。"

所谓独特优势,就是"你做得到而别人做不到的"。比如,有些人的创意富有想象力，有些人擅长沟通协调，有些人对形势和时机的判断非常精准，有些人能在有限的条件下做出过硬的产品。这些都是一种独特优势，堪称一个人的核心竞争力。从某种意义上说，一个人的成就大小主要取决于对自身优势的发挥程度。

工作实例

滴滴出行的投资人王刚曾经于2001年6月入职阿里巴巴，成为"中国供应商"的一名销售员。他进公司不久就先后"挑战"了关明生和马云，认为关明生的理念不对，认为马云讲的也不对。

当时他只在入职的第一个月取得了一些业绩，后续工作毫无进展。马云认为他是既无能力又不遵守价值观的野狗型员工，差点儿把他淘汰掉。如果不是他的顶头上司陆兆禧保他，王刚很可能就提前离开阿里巴巴了。但随后王刚发挥出了自己的优势，扭转了不利局面。

阿里销售员的主流风格是不断地进行陌生拜访，靠勤快地跑客户来开拓业务。王刚在当时比较非主流，作风散漫，显得不太勤奋。但他的商业嗅觉非常灵敏，能够靠聪明和技巧赢得订单，是典型的猎手型销售。虽然跑的客户少，但成交率很高，这点让其他阿里销售员颇为佩服。

2002年1月，王刚拿到公司颁发给销售员的金牌。他在年会上主动发短信给上司陆兆禧，请求上台分享工作心得。他上台后热情地分享了自己总结的业绩公式：

$$客户拜访量 \times 服务技巧 \times 服务水平 = 你的业绩$$

这次讲话没多少人记住，但给马云留下了很深的印象。从此马云对王刚的看法大为改观。王刚跟马云打赌，如果能连拿三块月度金牌，马云就请他吃饭。他做到了，马云也真的到深圳请他吃了一顿饭。凭借自己的另类打法，王刚一步一步做到了阿里巴巴中供北方大区总经理。

解析："扬长避短"是妇孺皆知的道理，但能活用这个成语的人不多。大多数人缺乏准确的自我认识和自我定位，既不清楚自己的长处和短处在哪里，也不知道自己处于什么位置，时而骄傲自大，时而自卑畏缩，难以形成竞争力。

王刚最初自信满满但还没发挥出优势，一度被其他人当成只会吹牛皮的"嘴炮"。他后来发挥了自己商业嗅觉敏锐和善于总结经验的优势，用更巧妙的方式跟阿里的其他销售高手竞争，最终脱颖而出，让所有心存怀疑的人重新认识了他。假如我们也能像他一样认清什么是"我做得到而别人做不到的"，竞争起来就能事半功倍。

实战心得

有一点需要注意，你的强项未必是独特优势。因为竞争对手很可能在这方面也实力雄厚。曾鸣强调："能力永远是相对的概念，自己做得好不好不算数，能不能比你最好的竞争对手做得好那才叫核心竞争力，才是差异化能力。"我们要做的就是比竞争对手做得再好一点点，多一点别人没有的特色。别小看这一点，高手对决的胜负恰恰就在这毫厘之间。

明白了大方向后,立即找到第一个突破口

阿里工作哲学

能看清楚大方向的人很多,但真正能赢得先机的屈指可数。此中区别在于,有些企业不知道该从哪里着手,而另一些企业比竞争对手先一步找到突破口。这一步很关键。就算是实力强劲的世界500强企业,如果不能及时找到突破口,再多的人力和资源都没有用武之地。

万事开头难,找到方向不易,找到第一个突破口更难。想要突出重围,勇气、能力和运气缺一不可。

第一个吃螃蟹的人是令人佩服的勇士,但想做先行者的人不止一个。敢想的多,敢做的少;敢做的多,做成的少。市场竞争很残酷,人们不会记住最先朝那个方向跑的是谁,只会记住最先取得成果的是谁。所以,阿里人在明确了战略大方向后,都会群策群力,不惜一切代价找到突破口。

打通突破口不是在谈战略，而是在打战术。不需要讲大道理，只需找出具体的落实办法。只要有一个人做出来，其他人就知道怎么做。只要有一个团队试点成功，其他团队就能如法炮制跟着往前冲。这就是突破口。

阿里人选择的发展道路，要么是前人没有走过的，要么是竞争对手已经踩过但无法照搬他们成功经验的。在这种条件下，找到突破口不容易，很考验一个人的创造力。最大的难点在于把微观执行和宏观战略交会的节点找出来，否则我们的工作就打不开局面。

需要注意的是，在寻找突破口的阶段，领导者的位置不能太靠后，而应该和业务骨干们一起研究和解决问题。如果只是依赖下面的人去攻克难关，就有可能找不到那个节点。而处于一线的业务骨干也要时刻牢记，自己是在为公司战略探索道路。那些只有少数人走得通而大部队过不去的路径，不算真正的突破口。

工作实例

2010年初，支付宝的支付成功率仅仅有60%，阿里员工每天都会收到大量客户投诉意见，淘宝那边也深受其害。如果不解决支付宝的问题，淘宝乃至整个阿里系电商的发展都将陷入严重的瓶颈，被竞争对手甩到身后。

马云在年会上大发雷霆，让同为"创业十八罗汉"之一的彭蕾兼任支付宝CEO（首席执行官），全面整顿支付宝业务。彭蕾此前在集团里做过市场、财务、服务、人事等工作，偏偏对技术和金融一窍不通，也不熟悉支付宝的整体情况。但她还是不怕困难，勇敢地接下了这个烫手的山芋。

在2010年春节过后，彭蕾与井贤栋、樊治铭、倪行军几位阿里合伙人会同支付宝P8（阿里高级专家的职级）以上的员工一起召开战略会。这次支付宝战略会被阿里人称为"骆驼大会"，大家在四天里进行了高强度、高密度的沟通。彭蕾完全掌握了支付宝的情况，团队上下也把支付宝中存在的各种问题全部揭露出来。

彭蕾以"骆驼大会"为契机，找到了解决问题的突破口，把改善产品的用户体验定为支付宝的铁律。任何创新试错都不准牺牲用户体验。支付宝团队围绕这个方向组织精兵强将进行技术攻关，克服了支付成功率低的问题。

在彭蕾主政期间，支付宝成为全球最具影响力的移动支付和信用平台。彭蕾也因此被媒体称为"支付宝女王"。

解析：阿里有句"土话"，"再大的愿景都是从小处着手，越大的图越要从小处搞，越小的东西越要从大处着眼"。临危受命的彭蕾在面对自己完全不熟悉的领域时，没有躲到后面等结果，而是跟支付宝的技术骨干们一起进行反思。

她通过主持"骆驼大会"迅速掌握了支付宝的整体情况，并且讨论出了改进方向，与团队上下达成了共识。大家找对了宏观的改进方向，又找到了微观层次的第一个突破口，就知道该怎么努力了。

> **实战心得**
>
> 　　找到第一个突破口，更多的是靠决策者的能力。但大多数决策者习惯于只给方向，把其他工作都丢给手下的人去试错。有时候还朝令夕改，反复改变方向，让手下的人不知道该往哪里冲。马云认为，决策者就难在既要懂宏观又要懂微观，要切入宏观与微观的关键节点。如果决策者后退太多，不能凭自己的能力切入这个关键节点，很多构想就会无法落地，大家只看得到方向而看不见道路。

在竞争对手的前进道路上等着他

阿里工作哲学

舆论认为阿里巴巴是通过照搬发达国家互联网企业的商业模式发展起来的。这个看法有失偏颇。因为阿里巴巴不仅仅是学习人家的先进经验,还结合中国市场的特点走出了自己的路。那些强大的外国互联网企业在中国市场的份额今不如昔,说到底还是因为没有认清中国市场的发展方向。阿里人能从弱到强、从小到大,在很大程度上是因为提前认清了这一点。

关于阿里的竞争策略,马云有一段精辟的论述。他说:"我从来不看对手在做什么,但是我关心对手将来会做什么。看准了对手要走的方向,想办法抢到他的前面。等对手低着头走到他的目标的时候,抬头一看,原来阿里巴巴早就在路边等着他了。"

阿里的策略其实就是人们常说的"弯道超车"。这是一种后发制人的竞争策略,利用的是后发优势。在市场上,先行者有先手之利,能占据最有利的位置,但技术、产品和配套设施可能还不够成熟,需要进一步完善。后来者可借鉴成熟的技术，减少试错成本，同时进一步针对先行者暴露出的不足来树立自己的独特优势，从而实现反超，成为业内的领先者。

想要实现弯道超车，首先得把竞争对手的成果吃透、消化、吸收，其次得比竞争对手更加了解市场和目标客户的情况。遗憾的是，许多企业只是在简单照搬竞争对手的方法（特别是美国互联网知名企业的运作方式），跟着对方的步调走，没有真正做到这两点。更糟糕的是，他们缺少了阿里人的专注。

那些公司开始跟着某个竞争对手跑；跑到一半的时候，又跟左边的竞争对手打几下；再跑几步，又被右边的竞争对手吸引了注意力。别人推出什么新东西，他们就跟风推出什么东西。别人采取什么策略，他们也跟着采取针锋相对的策略。那些公司一直跟着不止一个竞争对手的步调走，疲于奔命是必然的结果。

马云的建议是："要把时间花在客户身上，花在服务上，不要花在竞争对手身上，这是一个创新公司最重要的。只要你今天比昨天好，明天比今天好，你就永远冲在最前面。"

想要跑到竞争对手的前面，就要学会保持"你打你的，我打我的"的定力，专注于客户和服务，做好自己的工作。为客户提供令人满意的服务才是我们做事的立足点和出发点。因为，市场是由无数客户组成的，客户的变化预示着市场的变化。竞争对手的变化也是跟着这个来变。

当我们把目光专注在客户身上时，就能第一时间看清市场的变化趋势，争取比竞争对手更早地把握未来的变化。对此，阿里人有一句"土话":"100米赛跑的时候,你是没有时间去看你的对手的,跑得最快的方法就是盯着终点的白线拼命跑。"

也许有人会问,假如竞争对手还是比我们早一步想到好点子,该怎么办?阿里人的看法是,与其做"第一人",不如做"最好的"。说穿了,还是弯道超车的策略。第一个想出好点子的人未必是做得最好的。如果我们没能率先跑到竞争对手的前面,就要及时跟进好点子,专注地完善它,成为业内最好的那个。这同样可以形成竞争优势。

实战心得

弯道超车的策略看着简单,操作起来还是以失败居多。究其原因,弯道超车不仅需要扎实的研发创新能力,还需要比对手更长远的眼光。想要到竞争对手的前进道路上等着他,首先得清楚未来的方向在哪里。有些昔日的领跑者就是因为错判未来而将领先地位拱手让出。遗憾的是,人们对莫测的未来往往缺乏洞察力,很容易一边高呼升级迭代,一边固化现有的成功经验。这给其他弯道超车者留下了反超的机会。

机会只能抓一个，抓多了什么都会丢掉

阿里工作哲学

假如摆在你面前的机会有好几个，你会如何选择？有些人什么都想抓住，结果搞得自己筋疲力尽，到头来一个机会都没把握住。阿里人则不然，他们一个人或者一个团队通常只盯着一个机会穷追猛打，以专注取胜。至于其他的良机，要么交给其他同伴或者兄弟团队去把握，要么忍痛割爱，不为此分心分力。

有些人看见了十只兔子，一会儿抓这只兔子，一会儿抓那只兔子，最后可能一只都得不到。你可能会觉得怎么会有如此愚蠢的人，但事实上这样的人并不少见。尤其是那些把赚钱放在第一位的人，很容易犯此类错误。

把赚钱放在第一位的人投机心态很强，并没有长期坚持专注做事业的精神。他们每次看到新的赚钱机会，就会贪婪地去抓，也不考虑自己的实力够不够，甚至不惜把原先的项目停下来。也许他们看到的机会确实是好机会，但每个人把握机会的能力是有限的，不舍得投入就不可能有回报。而投入不够多，机会也就抓不牢。到头来可不就是一只兔子都得不到吗？

马云对此深有感触，所以在做事时强调专注持久，宁可傻坚持也不去搞小聪明，不贪图其他发财机会。事实上，阿里员工中能取得大成就的人，往往也是只抓一个机会，靠"傻坚持"把机会做深做透。

工作实例

吴翰清于2005年入职阿里，他在面试时露了一手绝活，远程关闭了阿里内网的一台路由器，让全公司立马断网。2009年，集团成立阿里云团队，吴翰清是技术骨干。吴翰清虽然在两年后离职了，但还是对当时被公司上下视为"骗子"的顶头上司王坚博士表示信任。

过了两年，吴翰清再次回到阿里巴巴，还是跟着王坚。他离职前立项了一个WAF产品，回来后继续接着原先的项目干。吴翰清的回归之路很不顺利，他两次因为安全故障被考核为不合格。其中一次是2015年发生的阿里云史上最大的故障，它导致大量业务中断。但吴翰清还是专注开发自己的项目，花了两年时间把它变成了爆款产品。

解析： 出色的技术能力和坚定不移的专注力是吴翰清的长处。他第二次进入阿里后没有选择其他项目，而是坚持自己原先提出的项目。这点很需要魄力和自信。事实证明，他的执着没有白费，他也因此成为阿里人眼中的传奇人物之一。

阿里人开展的业务逐年增多，但无论怎么增加，都围绕着电子商务这条主线。马云等人一直旗帜鲜明地要打造电子商务生态系统，阿里集团的所有枝枝权权都是由同一个总根发展而来的。

表面上是抓了许多机会，实际上还是在抓一个机会，把树木做成了森林。尽管阿里在许多领域不如同行的顶尖企业那么强大，但商业生态系统的完整性使其获得了更强的发展后劲。这个思路其实也适用于个人工作。

马云曾经对曾鸣说："重要的是一定要找到一个点切入，把它做深做透，彻底地把这个桩打进去，再去渗透、扩张。"他主张做好战略图后一定要找到一个能一刀见血的点，让大家都从那里突破。如果是分散力量去攻四五个点，可能做了三年都没有进展，那样会让所有人都感到沮丧。

用一个刀子捅比用四五个小钉子敲更好。换言之，集中力量把一个机会做深做透，效果往往比四处出击抢机会更好。这种工作方法考验的是我们的定力，见到诱惑我们也要能不为所动，否则无法保持专注。

实战心得

把机会做深做透是一件需要巨大投入的工作。最困难的地方有两个：一个是能坚持深耕细作，舍得为自己看好的机会不断付出；另一个是能拒绝其他机会的诱惑，不去妄想自己能抓住一切机会。前者考验的是韧劲和耐心。那些浅尝辄止的人常在受到一点挫折后就选择放弃，结果与成功失之交臂。后者考验的是定力和勇气。其他好机会也许能赚很多钱，但如果为之分心，你就无法把手中的机会做透。每个人都该好好想想，自己有没有勇气承担这种放弃其他机会的痛苦。

激发全员活力的阿里内部PK文化

阿里工作哲学

阿里人不仅敢于与各路外部对手展开竞争，在公司内部也存在大量竞争。具体形式是各个业务团队先"下战书"，再按照约定条件进行内部PK。当然，参与内部PK的各方团队并不会抢夺和破坏对方的事业，而是会各自拓展业绩。谁的业绩更突出，谁就是内部PK的胜利者，在公司内部享有盛誉。

如果只是按部就班地做事，人们的工作激情就很容易消退。如果没有激情，组织的活力也会下降。故而阿里巴巴一直强调"激情"二字，并将其列为企业文化价值观考核的重要指标。阿里人眼中的激情包括以下几个方面：

★乐观向上，永不言弃。

★对公司、工作和同事充满了热爱。

★以积极的心态面对困难和挫折，不轻易放弃。

★不断自我激励，自我完善，寻求突破。

★不计得失,全身心投入。

★始终以乐观主义的精神影响同事和团队。

上述各条不只是对员工个人的要求,同时也在强化所有人的团队精神,以保持整个组织的活力。想要长久地保持一个组织的活力,内部竞争机制是必不可少的。随着队伍的壮大,阿里逐渐形成了内部PK文化,团队与团队、个人与个人在公司内网上公开"下战书"PK,发起业绩竞赛。

工作实例

2006年8月,阿里"中国供应商"团队(简称"中供")宁波区域经理雷雁群让所有的主管、经理、HR在宁波区域内部发起了一场内部PK。区域内各个团队各自挑选四名业务骨干,跟其他团队的业务骨干进行"单挑"。

此时的阿里中供共有16个销售区域,宁波区域隶属于浙江大区。尽管此前各团队也存在PK的情况,但规模和影响力较大的正式PK还是从这一次开始的。PK的规则灵活多样,除了奖金激励外,更主要的是争夺荣誉。

参与PK的人在公司内网上纷纷"下战书",铆足了劲儿去做业务,你追我赶。前线业务员不断拿下订单,后台随时更新战报,以激发全队成员的斗志。为了鼓舞士气,团队主管会在PK前组织启动会,不是一起想办法打赢对手,就是以丰富多彩的团队建设活动活跃气氛。

到了2007年6月,中供已经把每年3、6、9、12月作为固定的大战月份。大区之间、主管之间、个人之间都会轮番展开各种PK,还爆发了被阿里内部称作"百团大战"的PK活动。从那以后，阿里内部团队把每个季度一小战、每年一大战视为传统，并且绞尽脑汁把启动会议做得更加热闹、更有激情。

解析： 马云说过，一个优秀的竞争者可以让你学到很多东西，你要尊重竞争对手，只有这样你才可以提升。我们在工作上的对手不光来自外部，也来自内部。与外部竞争不同，内部竞争不是你死我活的斗争，而是我们与同伴之间的相互砥砺。

阿里的内部PK文化，本质上是要通过PK来激发每个人的潜力，提高每个团队的业绩。PK不是找一个竞争对手天天喊口号，而是实实在在地用正确的策略和方法去完成更多目标。阿里人在PK的同时，也在相互学习、积极总结，借此形成新的方法论。然后又进一步分享新的方法论，不仅教会本团队的新人，也跟内部PK对手们交换心得，共同进步。通过内部PK提升自身战斗力，然后在外部竞争中释放威力。这就是阿里团队越战越强大的奥秘。

实战心得

内部PK文化有助于打破僵化沉闷的工作氛围，激发每个员工的激情和创造力。阿里各团队组织内部PK时的花样层出不穷，大大活跃了员工的思路，让辛苦的工作洋溢着快乐。不过，内部PK的尺度若是把握不好，一不小心就会变为恶性竞争，造成公司内部的分裂。所以阿里人在推行内部PK的同时，会注意用团队合作精神来平衡竞争情绪，使竞争保持在良性的尺度内。

发展外围拍档，打造属于你的生态圈

阿里工作哲学

无论你多么努力、多么能干，单凭自己的力量去拼市场，总有力所不及的地方。提高竞争力不能只一味地挖掘自身的潜力，还要善于借力打力，充分利用各种力量来强化自己对市场的控制力。个人英雄的时代已经过去了，再传奇的英雄也无法与形成业务生态圈的对手抗衡。所以，阿里人做市场竞争时非常重视发展外围拍档，致力于营建一个属于自己的业务生态圈。

发展外围拍档的工作方法源于阿里巴巴资历最老的"中国供应商"团队（俗称"中供铁军"）。中供的阿里人发现，受人力成本等因素制约，"中供铁军"无法完全覆盖三四线城市及偏远地区的企业。为了开发这些潜在市场，阿里人采用了一种"云销售"的理念，即正式招聘中供拍档。

"云销售"原本是指招募按单付钱的兼职销售员。这些人不占公司的编制和资源，不用发底薪，工作比较有弹性。中供拍档比这更进一步，其实际上是阿里巴巴的一种业务上的合伙人（跟集团高层的阿里合伙人是两码事）。为了保证中供拍档的素质，阿里人在挑选拍档时有严格的标准。

首先，中供拍档必须是在中供团队工作过的离职员工（在岗的也可以）。

其次，必须有在阿里工作5年及以上的经历。

最后，必须是有强烈创业欲望的人。

只有满足上述条件，才能成为中供拍档。因为他们相当于承担了替阿里集团开拓三四线及偏远地区市场的使命。如果他们没有足够的实力和雄心，不认同阿里巴巴的文化价值观，就很难长期合作下去。

工作实例

2015年10月，李川川和弟弟李康康一起从农村淘宝辞职。李川川在去"村淘"之前已经在中供销售团队工作6年，还担任过3年主管。虽然离职了，但李川川兄弟俩并没有脱离阿里巴巴，而是以中供拍档的身份成为集团的合伙人，帮助此前所在的中供华东大区开拓常州溧阳区域市场。

李川川兄弟俩辞职损失了好几百万元的股票期权，但他们俩想创建自己的公司。经过努力，李家兄弟的公司已经发展成9人团队，各种制度都是阿里的翻版。他们的业绩在华东大区的30名中供搭档里独占鳌头。

解析：李川川兄弟俩的案例从侧面反映出阿里巴巴强大的企业文化影响力。中供拍档制度不仅选拔要求严格，而且跟中供销售团队一样有业绩考核和金牌制度。公司给中供拍档的提成要高于给自己内部的销售团队的提成，因为中供拍档需要投入力量在当地组建自己的公司和团队。在中供拍档刚起步的时候,阿里集团会提供不少支持,直到他们真正能独当一面。在阿里的商业生态圈中,拍档和中供是平等的合作关系。

此外,阿里对拍档同样有价值观考核,采取一些跟"中供高压线"相同的要求,但违规处理会分级分类,比公司内部的考核要宽松一些。假如连续考核不达标或者违反了阿里的记录规定,该区域的拍档就要撤换。

中供拍档是独立的公司,有较强的自主发展能力,能打通阿里巴巴覆盖不到的区域。通过不断发展外围拍档,阿里人不仅能巩固现有的客户资源,还能开拓更多新的客户资源,并且将其统合进阿里的电商体系当中。大家共同发展,共同盈利。

实战心得

"中供铁军"发展外贸生态圈是为了适应新的销售需要,其核心理念是阿里巴巴那句"让天下没有难做的生意"。随着外贸生态圈的不断完善,"中供铁军"不再延续曾引以为傲的"人贴人,肉贴肉"的传统工作方式,而是尽量把别人的资源同化为自己的资源。团队的打法升级了,个人的打法自然也要随之转型。一切昔日辉煌都过去了,只有与时俱进的竞争策略才能让我们立于不败之地。

第三章

赋能授权：
不要让团队中的任何一个人失败

无论你是新员工还是老员工，必定是在团队中工作，需要有团队合作精神。由于阿里巴巴的工作方式非常灵活，对高层管理者和基层员工都采取轮岗制。换言之，每个人要做的事并不局限于当前的头衔负责的业务范围。从某种意义上说，在阿里巴巴，人人都可能成为项目的带头人。这就需要新老员工具备较强的团队协作能力，甚至还要掌握一些带团队的知识。如何与同伴共同创建优秀团队，如何在成为项目带头人时不让团队中的任何一个人失败，都是阿里人必须掌握的工作法。

如果不懂，把比你懂的人请来一起干

阿里工作哲学

在阿里巴巴，你经常会接到自己一窍不通的任务。推脱不是阿里人的作风，阿里人一贯是放下身段去学习，竭尽全力把任务圆满完成。在这个过程中，你必须学会借助他人的力量。组建一个团队，或者跟比你懂的人组成一个临时互助合作小组。无论什么协作方式，都以完成任务为最终目的。

有些人常以自己不懂为借口推脱工作，说自己一个人干不了。但他们看到别人做成了，又会心里泛酸，妒忌不已。抱着这样的心态是做不好工作的。马云在北大演讲时说过："你一个人干不了，把比你更懂的人请来和你一起干，或者跟着那个比你懂的人干也行，这也是机会。而不是每天混日子，每天感叹自己的技能无用武之地。"阿里人正是因为懂得放下身段学习，才能不断突破自己，把事业越做越大。

世上没有完美无缺的人。有的人想法独特但执行力不强，有的人执行力出众但没什么好创意。如果铁了心要找一个完美的人来做事，那么这件事肯定完不成。但我们可以邀请有不同长处的人一起共事。借助他人之力解决你搞不定的问题，而你负责解决他们搞不定的问题。这等于是用优势互补的完美团队来代替一个完美的人，更容易产出令人满意的成果。

工作实例

花名"元春"的朱国红刚入职的时候做阿里巴巴中文网站客服，10个月后调到宁波做销售，得过月度业绩冠军、季度业绩冠军、年度业绩TOP3。在升任温州区域经理3个月后，她又被公司调回杭州总部做阿里巴巴日文网站。朱国红后来回忆，这是她最难忘的一段职场经历。

朱国红是西安交通大学科技日语专业毕业的。当时阿里巴巴的干部中会日语的不多，所以公司对她委以重任。在朱国红看来，这个担子一点儿都不轻松。因为日语专业跟做日文网站是两码事。不过，看到公司如此信任自己，她还是把这块硬骨头啃下来了。

她没有做日文网站的经验，也没有日本专家参与，更不了解日本人浏览网页的习惯跟中国人的有哪些区别。一切都摸着石头过河。朱国红在2007年7月1日走马上任，20天后就匆匆给产品委员会提交了一个不成熟的方案。

尽管方案漏洞百出，但马云对她说："Good job（干得好）！"这让忐忑不安的朱国红增强了信心。

马云了解情况后还帮朱国红找了一位日本专家和她一起做网站。朱国红凭借自己的干劲和日本专家的技术知识确保了阿里巴巴日文网站的高品质上线。她在这3个月的奋斗过程中瘦了10斤，但很有成就感。

解析：朱国红的成功离不开日本专家的技术支持，但主要还是靠自己的努力。假如她只是一味地依赖日本专家，自己做个甩手掌柜，恐怕无法做出令马云和日本客户都满意的日文网站来。

当我们与比自己懂的人合作时，不应该拿自己的短处去与人家的长处比，而应该在三个方面支持他们的工作。首先是要有眼光，比他们看得更远。其次是要有容人之量，欣赏比你懂的合作伙伴，不要只顾自己争强好胜。最后要有抗打击能力，无论多么艰难，无论有没有人跟你一起做，都要坚持到底。毕竟，没有人希望跟一个遇到挫折就半途而废的人携手共事。

实战心得

几乎每一位阿里人都会因为轮岗而接触自己完全不了解的东西。这种情况在高层管理者中更加常见。无论你在原先的领域多么出色，换到其他领域时就是个外行人，同样要从零开始。学习能力强的人能够触类旁通，把此前积累的工作经验有效转换成新的能量。即使你完全学不会新知识，至少也要学会如何分辨该领域的行家，借助他们的力量成事。但你是"真行家"还是"假老练"，最终还是得看实践效果。

疑人要用，用人也要疑

阿里工作哲学

有句老话说得好，"疑人不用，用人不疑"。这句话说的是用人的时候应当对其充分信任。如果心存疑虑，就不要用那个人；一旦用了，就不要猜忌他。但马云对此有不同看法，他在阿里巴巴提出了"疑人要用，用人也要疑"的工作思路。他并非标新立异，而是根据互联网公司的实际需要总结出来的。

马云说的"疑人要用"，指的是不要只用让自己特别放心的人，而要敢于用自己拿捏不准的人。因为能让你特别放心的人，往往提不出什么新想法了。无论他们提出什么，都很难跳出你熟知的框架。

而你希望取得创新和突破的领域，通常是你不熟悉的。在这方面有能力的人，你不完全了解他们，也无法确定他们的方法对不对。但想要创新就得试用一下。阿里人允许自己失败，也允许别人失败，所以只要是有能力的人，疑人也要用。

"用人要疑"并不是指要去猜忌你用的人。像防贼一样盯着人家，人家肯定不想干。但信任不代表放任，该守的规矩还得守，不能以信任的名义对其放任不管。人无完人，在缺乏监督的情况下，授权越大，管理越松，越有可能跑偏，甚至走上不归路。

阿里人都知道一句"土话"："说出来的是你想的，做出来的是你说的，交出来的是你做的。"如果没有监督与考核，只会"打嘴炮"的人会把能干实事的人排挤出去，让公司出现"劣币淘汰良币"的怪圈。所以"用人要疑"，要核实这个人是否真正完成了目标，兑现了自己当初许下的承诺，以免他们投机取巧或者半途而废。

工作实例

阿里巴巴集团技术委员会主席王坚博士曾经是阿里云项目的负责人。他一来阿里就说服马云开发云计算。马云许诺一年投10亿，坚持10年也要做成这件事。不料，阿里云的研发过程比人们想象中更加波折。

王坚在很长时间里饱受争议。外界很多人说他是个心理学专业出身的骗子，根本不懂技术。由于他是空降高管，拿着大量预算却迟迟没有令人满意的成果，阿里内部对此也颇有微词。曾经有人在阿里内网上说，每年都以为王坚会走，结果王坚硬是赖着不走。以至于王坚在2010年的一次会议上说："我们目前主要的任务是打消别人对我们的疑虑。"

到了2012年8月，王坚被任命为首席技术官。许多员工在内网上纷纷发文骂他和阿里云。王坚在2012年阿里云年会上一度痛哭，但他说"我不后悔"，坚定不移地要继续开发阿里云。于是大家送给他一个外号——"王坚强"。

关键时刻，马云站出来力挺王坚的工作。马云虽然不懂技术，也不知道集团还要为这个看不到起色的项目烧多少钱,但他相信云计算对未来的阿里巴巴至关重要,必须坚持做下去。最终,阿里云研发成功,成为阿里巴巴商业生态系统的技术支柱。王坚也从"骗子"变成了阿里的功臣。

解析:王坚博士的案例生动地诠释了马云"疑人要用,用人要疑"的理念。马云不懂技术,包括他在内的许多阿里人都听不懂王坚的想法。在阿里云项目最困难的时候,团队中将近80%的工程师选择了离职,还有人在离职信中表示再干下去看不到希望。

虽然马云"用人要疑",也一直在检查王坚能否做出自己承诺的成果,但是他最终还是坚持"疑人要用",在拿捏不准的时候依然选择相信王坚。假如马云没有这份信任,王坚即使再坚强也难以在阿里继续立足,打赢阿里云的翻身仗。

实战心得

阿里巴巴致力于打造开放、包容、信任的工作环境。这与"疑人要用,用人要疑"的工作哲学并不矛盾。人性是复杂的,自律很困难,离不开监督。越是能力强、权限高的人,越要按照规章制度对其严格约束,遵守"用人要疑"的理念。阿里巴巴宽容的是创新过程中的失败,而不是胡乱作为造成的失败。既要结果,也要注意监督过程。正是这种做法才让大家遵守制度、坚持初心,过程没有疑问,相互信任自然就建立起来了。

身先士卒不是叫你干活时冲在最前面

阿里工作哲学

"身先士卒"通常被认为是一种宝贵的品质。但什么才是真正的"身先士卒"？不同的人有不同的理解。马云批评过一些凡事都冲在前面的干部，认为这种工作方式很傻。阿里巴巴提倡的身先士卒与之不同，干部不需要带头冲锋陷阵，更加强调的是其对团队工作的统筹协调能力。

业务明星被提拔为团队管理者是很常见的事。这表示他们的职务上升了，但对公司的实际贡献是否也随之提高了，还得打个问号。因为许多业务明星走上管理岗位时才发现，自己未必能扮演好团队管理者的角色。有时候，越是优秀的业务明星，越无法顺利完成转型。

曾任阿里"中国供应商"北方大区总经理的王刚针对这种现象总结了一个理论。他认为一个团队可以分为四个象限。第一是明星象限，第二是新手象限，第三是有能力没积极性的R2象限，第四是没能力有积极性的R3象限。

王刚指出，团队的整体实力取决于R2和R3，尤其是只要提高积极性就能转化为明星的R2。一般的团队管理者可以为新手提供良好的培训和指导，但对积极性较差的R2没有太好的管理办法。明星有强烈的自我驱动意识，R3也是以自我驱动意识见长，但R2恰恰不是这种类型，需要外力去驱动。

这就需要管理者做好激励措施，设法引领R2前进。但明星出身的团队管理者通常比较傲气，不擅长鼓励别人。于是在转变角色的过程中遇到瓶颈，更多时候还是靠自己冲在前面，而不是发挥领导作用。

工作实例

蚂蚁金服的资深HR（人力资源顾问）王丽君的花名叫"芳原"。她因为业绩突出而被提拔为团队主管，一开始也遇到了业务明星们常见的转型瓶颈。她干活非常卖力，最高纪录是同时做13件工作，被领导要求找个地方休息休息。

王丽君初当主管时还抱着业务明星的心态，觉得自己手下的员工样样都不如自己，把工作交给他们不放心。结果她事无巨细都亲自抓，忙得不可开交，而手下的人得不到锻炼的机会，既没有成长，也不能替她分忧。

被领导批评后，王丽君不再把所有事都揽在自己身上，而是积极转变角色，从带头冲锋转变为指挥团队冲锋。她自己身上的担子轻了，团队成员也得到了充分锻炼，产出的成果比她自己单干时更加丰硕。

解析：王丽君的案例在职场中十分常见。只有改变事必躬亲的工作方法，才能逐步突破瓶颈，顺利完成转型。此中难点是业务明星要调整"谁也不如我"的心态。重新认识身先士卒的含义,有助于我们转变心态。

马云对身先士卒有自己的解读。他指出:"什么叫身先士卒?干活你冲在最前面?傻子!身先士卒应该是打仗之前到阵地仔细研究,哪里适合架枪,哪里适合放大炮,哪里适合埋地雷,最重要的是找出下面比你干得好的人,等战争开始了,就睡觉去。这才是身先士卒。"

团队管理者的身先士卒不是个人逞匹夫之勇,而是要认清楚工作任务的全局,找出工作的要点和突破口,选择合适的人去负责其擅长的部分,通过合理的分工协作来充分发挥整个团队的效能。这才是真正发挥了管理者的带头作用。

实战心得

> 身先士卒的领导者懂得怎样用好众人的力量。但他们无论能力多强,总有管不过来的地方。马云说:"一个人的管理能力是有限的,最多只能管七个团队,七个以下没有问题,超过七个,一定会产生问题。"这就需要我们平时注意在团队中寻找有领导潜质的人才,把他们训练成懂得怎样身先士卒的人。如此一来,你的精力就被解放出来,可以去做更多更重要的大事。

PM负责制：人人都能成为项目的领头雁

阿里工作哲学

每个公司都有管理层级，头衔高低往往决定了你的权限和资源有多少。但阿里巴巴比较特别，头衔不完全代表他在具体项目中的实际权力大小。因为阿里巴巴的项目组可以由级别较低的员工牵头，他们在执行项目的过程中可以调动自己原先头衔无法调动的资源，甚至可以要求级别比自己高的人协助工作。

阿里巴巴从2001年开始设置了两条职业晋升路径。一条是代表技术岗的P路径，主要面向喜欢搞科研的技术骨干；另一条是代表管理岗的M路径，主要用于提拔有管理才能的业务骨干。P和M的晋升路径如下：

	P（技术岗）	M（管理岗）	
P1	为非常低端岗位预留	—	—
P2	为非常低端岗位预留	—	—
P3	助理	—	—

（续表）

	P（技术岗）		M（管理岗）
P4	初级专员	—	—
P5	高级工程师	—	—
P6	资深工程师	M1	主管
P7	技术专家	M2	经理
P8	高级专家	M3	高级经理
P9	资深专家	M4	（核心）总监
P10	研究员	M5	高级总监

P6—P10和M1—M5在公司里是对等的平级关系，享受同等待遇。M1—M3属于阿里内部的一线管理者，直接管员工。M4—M5属于中层管理者，一般是事业部的负责人。在此之上是总裁、副总裁级别的高层管理者。

分成两条路径是为了避免出现用人错位现象。有些技术人才非常出色，被提拔到管理岗位后，却导致了"多了一个烂主管，少了一个好专家"（马云语）的恶果。他们既不能带好团队，也没有精力再去研究技术，造成了人才浪费。所以阿里用P这条职业晋升路径来保障此类人才的发展空间。

但在实践中，阿里人往往在两条路径上都待过。比如，P7的技术专家在轮岗时会被调到平级的M2的管理岗位。如果表现不佳再调回P路径，表现好的则继续沿着M路径上升。公司还存在非对等职级的P转M现象，有些优秀的P在转岗时可能会跨级晋升为等级更高的M。

不同级别的P和M有着不同的待遇、权限和资源。但阿里内部流传着一句话："所谓你工作的头衔，你承担的职责，不是把它看'轻'，而是要看'清'。"看清头衔的意思是不要太在乎自己当前的头衔，更重要的是看清自己的职责。

在阿里巴巴，同级别的人差异很大。一个副总裁级别的高层管理者可能只管着几十人的团队，而一个级别远低于他的P7可能是百人以上的团队的负责人。再加上阿里的中高层经常轮岗，人们的工作内容和实际权力变化剧烈。

为此，阿里采用的是PM负责制，任命一个P或者一个M来作为项目负责人。只要敢想、敢干、敢提要求，团队中的每个人都有可能成为项目的领头雁。所有与该项目相关的人都要听候调度。别说同级管同级了，P7在项目组中甚至可以要求M3配合自己工作。这种权力直到项目完成时才被收回。

阿里推行这套制度是为了增加组织的灵活性和提高执行效率，以便适应互联网市场的快速变化。由于公司业务繁多，项目不计其数，需要更多人来牵头做事。但牵头人未必个个都是高职级的员工，能调动的资源有限，别的团队也不一定愿意配合。如果太拘泥于头衔和职级，就容易让组织变得越来越官僚主义。

PM负责制在指定项目负责人的同时，还会注明向谁汇报工作。只要明确了这一点，无论项目组规模是大是小，团队成员怎么变化，PM负责制的责任都很明确，能避免多头政治的混乱。这项制度让许多职级较低但有想法、积极性高的员工能大胆研发新业务，给他们提供了更多的发展机遇。

实战心得

每个阿里人都会经过项目PM负责制的锻炼，应当尽早熟悉这种工作机制。阿里巴巴的项目PM负责制不重视你进入项目组之前的身份，只看重你在项目中发挥的实际作用。想要用好这种制度，第一要坚持"平凡人做非凡事"的价值观，像英雄一样奋斗，但不要以英雄自居；第二要在每次项目组调整后注明该向谁汇报工作，以免出现政出多门的乱象。

全员都以阿里传奇战队为榜样

阿里工作哲学

"不让团队中的任何一个人失败"是阿里人的共识。阿里人有着共同的目标和使命,力求推动公司的每一个人进步,把一起学习、一起成长视为团队精神的真正含义。为此,马云强调,阿里人要学会欣赏和支持自己身边的人,在做好自己工作的同时要尽自己最大的努力去尊重、帮助和爱护自己的队友。

阿里巴巴在发展过程中缔造了无数支优秀团队。这些团队各有鲜明的特色,就像种子一样开枝散叶,带动了整个集团各方面的发展。如果你不知道该怎样跟团队成员合作,不知道应该把团队建设成什么样子,就请把阿里内部享有盛名的传奇团队当成学习榜样。

接下来要介绍的两支团队都出自阿里早期的"中国供应商"团队,它们在内部PK中脱颖而出,成为阿里人眼中的传奇团队。两个团队的建立思路截然不同,但都涌现出一批个人英雄和团队英雄,形成了自己独具一格的队魂。

工作实例

在阿里"中国供应商"发展史上，无锡悍马团队曾经是全国第一的团队，一年中只有一两个月不是全国第一。从悍马团队出来的员工后来几乎都当上了管理者。这支团队以完全军事化管理著称。

悍马团队的主管采用的是部队式的标准化管理。所有员工都必须雇有司机的面包车，如果没有预约好就不得出门，拜访客户回来后必须在规定时间吃饭，饭后只有半个小时的自由活动时间。每个成员都遵守同样的规则和纪律。

悍马团队的队魂是铁一般的纪律和执行力，以及群策群力的分享精神。所有的工作内容都会在小组会议上讨论，再由大家一起执行。那时候国内还没有普及智能手机，团队成员每天都要打许多电话来沟通。所有人每天都发客户资料给主管，每个老员工至少要带一个新人徒弟并且要倾囊相授。强大的执行力和没有保留的分享学习让悍马团队的新人成长速度极快，人人都有出众的表现，故而屡夺全国第一的宝座。

许多团队主管都专门去悍马团队观摩学习过，其中包括2007年升任主管的前销售冠军孙利军（阿里巴巴合伙人之一，阿里巴巴公益基金会理事长）。孙利军在阿里的花名叫"大圣"，所以他带出来的传奇团队被称为"大圣战队"。

大圣战队借鉴了悍马团队在执行力和分享学习上的长处，但没有采取彻底的军事化管理，而是采用"和文化"的管理模式。孙利军认为应该围绕员工的成长、成就和开心三个方面来建设团队。

战队每天都会根据表现来设置奖罚，表现好的人站在桌子上分享自己的经验，让他体会成就感，让其他人学习总结。每个星期天晚上开周会，按照"361"的比例排出3个优秀、6个良好与1个不合格的员工。员工之间相互打分，得3分的人分享一周的心得，得1分的人找找自己表现不佳的原因。

为了让大家保持良好的工作状态，大圣战队每周都会选一天作为团队娱乐日，在这天下午2点前结束当天工作，4点之前准备好所有第二天的工作，然后下午4点到晚上11点集体参加娱乐活动放松。凭借独特的管理方式，大圣战队也成为阿里赫赫有名的传奇团队之一。

解析： 悍马团队和大圣战队的管理方式并不相同，在很多方面体现了2007年前后的阿里时代特色。虽然有些方法在今天不一定适用，但两个团队都牢牢抓住了"执行力"和"分享"两个关键词，将其作为自己的团队之魂。这是他们成功的关键。

"执行力"解决的是事的问题，"分享"解决的是人的问题。具有强大执行力的团队才能让每个成员都收获更多的物质回报和成就感、荣誉感。具有分享学习习惯的团队才能让每个成员以最快的速度成长，以最强的凝聚力去攻克难关，实现相互成就、共创辉煌的局面。只要我们能围绕这两个核心下功夫，团队中的任何一个人都不会失败，包括你自己。

实战心得

阿里的各支传奇战队各有自己独特的玩法。统一的价值观，多元的个性，是阿里巴巴所推崇的。所以，我们在学习传奇战队的工作方法时不能太拘泥，要争取发展出符合自身特点的东西。无论怎样做团队建设，都不要忘记阿里巴巴团队精神的核心理念——不让团队中的任何一个人失败。大家要互相帮助、互相支援，只有团队中每个成员都成功了，整个团队才是成功的。

第四章

职业素养："阿里铁军"的实力在于勇气和坚持

如果说工作技巧是外功,那么职业素养就是内功。再聪明的人若是缺乏职业素养,也难成大器;再努力的人若是职业素养有短板,也可能只是白费力气。阿里人的职业素养集中体现在号称"中供铁军"的阿里巴巴"中国供应商"团队身上。阿里集团所有的团队都是"中供铁军"开枝散叶的结果。"铁军"作风代表着阿里人的最高职业素养。离开了它,阿里人就失去了自己的特色,阿里工作法也会沦为花拳绣腿。因此,我们应该勤练内功,培养出"阿里铁军"的职业素养。

"铁军精神"：阿里人职业素养的标杆

阿里工作哲学

"中供铁军"是帮助阿里巴巴熬过世纪之交的互联网寒冬的功勋团队，堪称阿里巴巴所有团队的总根。许多高管都有"铁军"背景。"铁军文化"是阿里巴巴企业文化的一个非常重要的组成部分。马云甚至说"铁军精神"代表了阿里巴巴的精神。阿里人把"铁军作风"视为衡量职业素养的重要标杆，每次遇到困难时必以"铁军精神"鼓励自己。

2001年10月，"中国供应商"销售员第一期新人入职培训"百年大计"课堂开班。阿里内部认为这标志着"中供铁军"正式成立。在"百年大计"课堂的培养下，这支销售团队明确了公司的企业使命、愿景目标、价值观及"高压线"，奠定了"铁军之魂"。

当时很多互联网公司都没有实现收支平衡。阿里巴巴也还没完全走出低谷期，公司的希望寄托在中供销售团队上。马云提出的目标是："2002年阿里巴巴要赚一元钱！"为了实现这个目标，中供销售团队的阿里人前赴后继，在工作中形成了最有"阿里味"的"铁军精神"。

花名"表哥"的余涌现任阿里巴巴集团副总裁、阿里国际站联席总经理，他曾经是中供中西部大区总经理、广东大区总经理，其对"铁军精神"的内核有个很精辟的总结："一是客情，就是我们对客户的理解；二是我们和团队之间的情义；三是我们对目标的执着和荣誉感。这三块组成了一个三角，构成了今天的'铁军'自上而下的领导力和自下而上的执行力。对客户的理解，决定了我们的初心；跟团队之间的情义，决定了整个组织的黏性；对荣誉和目标的渴望，决定了组织的行动和力量。"

"铁军精神"代表着阿里人的最高职业素养，它包含三个部分的内容。

第一部分是对客户的理解。不能全面深刻地了解自己的客户，你就不知道怎样开展工作，怎样创造价值。在很大程度上，"工作能力"与"对客户理解程度"是成正比的。

第二部分是团队的情义。重情重义、精诚团结、互为援手、共同进步是"中供铁军"的一贯作风。这也正是阿里人倡导的人际关系处理原则。不讲团队情义的人，业绩再好也不能说具有良好的职业素养。

第三部分是对荣誉和目标的渴望。荣誉感会让一个人拥有钢铁般的意志，能以饱满的热情克服重重困难，坚决完成任务目标。缺乏这种渴望的人是不可能把自己修炼成业内精英专家的。

中供销售团队凭借"铁军精神"开疆拓土，为阿里巴巴的崛起立下了汗马功劳。后来阿里集团各项新业务、各个子公司的带头人，几乎都是"中供铁军"出身的业务标兵。

马云在视察中供销售团队时曾经表扬道:"在座所有的人,你们是阿里巴巴的'铁军'。你们都有创新精神、艰苦精神、勇往直前的精神,你们所到之处都代表了阿里巴巴的精神。"

"铁军精神"是一种创业者精神。无论条件多么苦,资源多么缺乏,都敢于亮剑,去打拼出一片属于自己的天地。无论成就多么高,"阿里铁军"永远都在创业的路上,不断超越自己,更新迭代,力求稳稳地站在时代的前沿。

实战心得

阿里巴巴的每个团队都有自己的团队文化,但追本溯源,都有"中供铁军"的基因。"铁军"成员的职业素养深深地烙在所有阿里团队文化当中。这与当初公司从"中供铁军"中不断抽调人手去开拓新领域有关。不过,"中供铁军"的职业素养本身就具备强大的榜样力量,起到了很好的带头示范作用。企业要想让全体员工具备良好的职业素养,很有必要像阿里巴巴一样推出可供学习的模范团队。

你的利益一定是自己打下来的

> **阿里工作哲学**
>
> 一个人在阿里巴巴多久才能升职加薪,不取决于他入职的时间长短,主要是看他能给公司带来多少贡献。贡献越大,晋升越快。阿里有句"土话"叫作"我们为不懈的努力鼓掌,但按结果付酬"。无论你许下什么样的承诺,最终都要拿结果来说话。公司鼓励每个人积极提出自己的设想并完成它,不喜欢只会耍嘴皮子的空想家。

马云在培训员工时说:"阿里人记住,利益一定是自己打下来的,没有人的奖金、没有人的收入是别人给你的,而是凭自己的努力。业绩、市场是打下来的,没有人给你们,成绩也是努力出来的。"

他说这句话的时候,阿里还没走出低谷,"中供铁军"还没被称作"铁军"。那一批阿里人处于拓荒阶段,没多少成功经验,没有稳定的市场,客户资源少得可怜,工作条件差得难以想象。就是在这种背景下,阿里派出不少人去沿海六省开辟区域市场,一点一点打出自己的天地。"中供铁军"不达目的誓不罢休的职业素养,就是在这个时期锤炼而成的。

工作实例

花名"鹰王"的卢洋在2002年五一劳动节临危受命,被派去广东大区为阿里巴巴开辟广州区域的市场。他曾经担任中供培训部经理、"三百大"班主任,此时却没有多少可用的资源。他跟白手起家的人的唯一区别是有个"特权"——能从其他区域的销售员中挑选愿意南下打拼的人。

开荒阶段特别辛苦,好几个销售员开始没什么业绩,每天只能干吃没调料包的方便面。卢洋自己手头也不宽裕,但经常借钱给部下渡过难关。这8个销售员,除了一个因业绩没达标而离开外,其他人都挺了过来,并没因为条件艰苦而放弃。

经过14个月的努力,广州区域从在全国10个区域中吊车尾跻身排行榜的前三。卢洋被调离广州区域,后担任过阿里集团人力资源副总裁、阿里巴巴湖畔大学负责人。

解析:从某种意义上说,卢洋的职业素养成就了他的职业生涯。假如他当初不愿意去啃广州区域这块硬骨头,阿里集团要实现盘活广东大区的目标就会变得遥遥无期。

实战心得

30%的企业明星是公司的正能量,决定了公司发展的上限。这些人又会带动60%的符合期望的员工继续努力,将其转化为超出期望的员工,提高公司的整体水平。10%的低于期望的员工是公司的负能量。无论是什么公司,一旦负能量员工的比例超过15%,就会陷入危机。所以,阿里巴巴才把负能量控制在10%以下,并且适时淘汰5%的负能量最强的员工,然后补充新鲜血液进来。

成为团队的"发动机",不要做"飞轮"

> **阿里工作哲学**
>
> 有的人比较勤快,总是主动干活。有的人比较懒散,除了领导安排的工作之外,什么都不做,什么也不想。做事缺乏主动性的人职业素养不会太高,给组织、同事和客户留下的印象都一般。他们永远都是被动地跟在别人身后走,无法突破自我,也无法主动掌握自己的命运。阿里有句"土话"是:"做'发动机',不要做'飞轮'。""飞轮"就是指这类员工。

"飞轮"是靠别人推动的,没有外力推动自己就不会动。看起来做"飞轮"似乎省力,但只能跟着别人的步调跑,掌握不了自己的命运。"发动机"则是推动别人的,自己就能发出驱动团队前进的力量,让一群"飞轮"跟着自己的步调跑。

阿里人认为做"飞轮"是没出息的,应该成为团队的"发动机"。这种积极进取的上进心,也是"阿里铁军"的一大特征。早期的阿里巴巴经历了大裁员之后,又很快展开了不计成本的培训,然后以"中国供应商"项目为突破口,寻求东山再起。

中供销售团队在一穷二白的条件下努力拼搏,以铁一般的顽强意志硬生生地打开了市场。在这个过程中,阿里人没有等、靠、要,没有条件就自己创造条件上,像"发动机"一样奋斗不息。这才有了"铁军"的威名。

工作实例

中供早期有一场销售大战——永康之战。公司当时的主要竞争对手环球资源网站在永康市场做得不错。环球资源跟"中国供应商"的产品类似。如果中供团队不放手一搏,就会在市场竞争中处于下风。

于是公司派雷雁群和罗建陆去永康驻点直销。他们努力了两个星期,只拿下7个单子,赢得2个客户。雷雁群回了一趟杭州,找到上司李琪,希望公司把没人跑过的诸暨市场划给自己,理由是永康已经找不到新客户了。结果李琪反驳道,人家环球资源在永康经营了好几年都还有新客户,一年能做1 000万元,怎么可能一个地方只有几个客户可签?

在李琪的强硬要求下,雷雁群和罗建陆开始采用陌生拜访的模式来开拓业务。虽然这种方法比原先的直销方式累,但效果大大超出预期。经过多次失败的陌生拜访后,永康所有的客户都知道了阿里巴巴的"中国供应商"。

短短一年时间,"中国供应商"在永康的销售额已经反超了先来这里的环球资源,其他销售团队也采用陌生拜访的方法打开了各自负责的区域市场。罗建陆和雷雁群也因此成为"中供铁军"中赫赫有名的王牌销售员。

解析： 雷雁群和罗建陆是被逼着去做陌生拜访的。但他们并不甘心做"飞轮"，而是加倍努力，让自己成为"发动机"，成为阿里最早尝试陌生拜访法的销售员。试想一下，如果两人还是沿用原先的电话销售法，就不可能打开新的局面。阿里人也不会因此找到更有效的工作方法，扭转公司在市场竞争中的不利地位。

想要成为团队的"发动机"，不仅要有力争上游的积极性，还得具备舍我其谁的主人翁意识。阿里人中流传着一句"土话"："If not now, when? If not me, who?（此时此刻，非我莫属。）"这句包含了使命感和责任感的豪言壮语，是对阿里人职业素养的最佳诠释。

实战心得

想要成为团队的"发动机"，光靠激情是不够的。激情总会随着时间而逐渐消退，而且不与智慧、勇气和务实精神相结合的激情只是一种自我感动。我们要在精通自身业务的基础上，争取把其他团队成员的业务也弄懂，对整个团队分工协作的流程和操作要点了然于胸。换言之，我们要一点一点地培养自己的团队领导力，这样才能为所有人提供有力的支持，真正成长为促进团队发展的核心人物。

不要让事情找你,你要主动找事情

阿里工作哲学

有些人抱怨自己的工作多得做不完,一天下来筋疲力尽,还是有许多任务没完成。带着这样的心态干活,自然越干越累。阿里人主张:"不要让事情找你,你要去找事情。"这句话不光是要我们主动找事情做,更重要的是要我们学会主动安排好自己要做的事情,不要只是等着别人来安排工作。

乍看之下,所有人都在工位上努力做事,但不同人的努力是存在差异的。有的是等待上级给出方向后再挥洒汗水,如果上级没什么安排,他们就不知道该何去何从,也就无所事事。有的则是超出上级安排的工作内容,主动思考问题,根据重要性和实际情况进行通盘规划,做出超过上级预期的劳动成果。

前一种人看似很勤奋,但只是战术层面的勤奋,在战略上反而很懒惰。他们也许是优秀的执行者,但职业素养还是逊色不少,提升的潜力比较有限。后一种人主动找事情做,往往会被前一种人当成自讨苦吃的傻瓜，但其工作能力的提升速度更快，是未来管理者的理想人选。

当机会来临时，主动找事情的人比不主动找事情的人准备得更充分。即使公司把机会安排给后者，后者也未必能处理好。到头来，公司不得不让主动找事情的人顶上来。换言之，只要你准备好了，本来不是你的机会也会被你拿到。

工作实例

2003年的"非典"曾经给阿里巴巴带来很大的麻烦。有一名员工被确诊为SARS患者。最初有7名员工被隔离，后来猛增到500人。也就是说，阿里巴巴杭州总部的所有员工都被隔离在家中，大家没法在办公室见面，只能带设备回家，远程办公。阿里"中国供应商"的销售员们也没法到处跑业务，原有的工作技巧无用武之地，只能转为线上工作。

如果换成别的公司，也许在这个困难时期会变得越来越松散，最终衰败下去。但阿里人面对不利局面没有被动等待，反而更加积极地开展业务。哪怕被隔离了，也还在努力寻找新客户、新商机。

由于阿里人的积极进取，危机反而成了转机。很多原本不信任电子商务的客户，在"非典"期间无法像平时那样在线下洽谈业务，业绩损失明显。阿里人在网上推销的"中国供应商"服务，为客户提供了许多供求信息，让大家不用面对面联系就能谈成生意。

在"非典"期间，电子商务充分体现了交易不受时间、地点限制的优越性，比传统营销渠道更能适应当时的市场环境。阿里人趁机攻克了许多之前不认可电子商务的客户，把公司带入了一个新的发展阶段。

解析：据统计，阿里巴巴总部全体人员在家办公的第一天，光是阿里巴巴中文网站的买卖商机就突破了12 500条，刷新了公司原来的记录。许多不喜欢用互联网工具的中小企业客户也被迫使用电子商务，养成了新的习惯。"中国供应商"的客户数量比2002年同期足足增长了两倍。

试想一下，假如阿里人被隔离在家时只是被动地等待疫情好转，而不改变思路，主动找事情做，那么根本打不赢化危为机的漂亮仗。无论外界环境多么恶劣，发生了什么变化，都要想办法抓住工作的主动权，而不是被动等待别人来找你。这便是"阿里铁军"的职业素养。

实战心得

阿里人在主动找客户谈判时，会用到名为"Sales Kits（销售策划方案）"的销售工具。Sales Kits由公司介绍、产品或服务介绍、成功的合作案例及合同等四个部分组成。使用Sales Kits跟客户进行沟通，能大大提升谈判效率。这是"中供铁军"的销售员经过多年实践总结出来的经验。因为客户不想只听销售员的介绍，还希望得到书面文件材料，看看那些销售员没提到的信息。一份完整的Sales Kits足以解答客户不少疑问，帮助销售员更好地完成任务。

对目标很傻很天真,又猛又持久

阿里工作哲学

阿里巴巴有两句"土话"生动地体现了阿里人的工作作风。一句是"很傻很天真,又猛又持久",另一句是"剥洋葱,刨根问底"。前一句话讲的是做人的职业素养,后一句话讲的是做事的职业素养。前一句话里的"傻"不是笨,而是指不投机取巧。阿里人认为,只有持久贯彻自己的目标,才能突破重重困难,取得最终的胜利。

"很傻很天真,又猛又持久"这句话,在阿里滨江园区的多个办公区的墙上都有出现。这里的"傻"不是真的愚蠢,而是像《阿甘正传》里的主人公一样心无旁骛地冲向自己的目标。这里的"天真"不是指不谙世事,而是要求人们怀有梦想(主要是阿里巴巴的企业使命和愿景目标)。"又猛又持久"讲的是工作上的拼劲和毅力。

如果一个人能够拒绝各种诱惑,在自己选择的道路上坚定不移地走下去,锲而不舍地奋斗,就一定会取得非凡的成就。这就是聚焦的力量,是滴水穿石的力量。但恰恰是这件最简单的事情最难做到。

在阿里人看来,不够"傻"的人心思太活络,不够脚踏实地,稍微有点儿困难就会改变自己的努力方向;不够"天真"的人缺乏理想,只想在公司形势好的时候摘果子,而不会跟公司同甘共苦。不够"猛"的人做事不太尽心尽力;不够"持久"的人缺乏长期创业的耐心,无法取得什么成果。

工作实例

在2001年至2002年前后,互联网行业不景气,阿里巴巴也处于低谷。罗庆元参加了2002年春节后开始的"三百大"培训。他是计算机专业出身的技术人员,来阿里之前没做过销售。面试时面试官问他有没有存款,因为每个销售在起步阶段都会因为拉不到单而生活拮据。

当时的考核要求是三个月内至少完成一单不少于某个数额的业绩。如果没完成,还能用一次"免死金牌";再做三个月,还不达标就会被辞退。同期"三百大"的同学在三个月内有近40%离职。具体原因是工作太苦、考核太难、收入太低,根本原因是不看好阿里巴巴的未来。

那些离职的人,不是背景较好,就是在培训期间表现优异。留下来的反而多是在培训时表现一般的人。罗庆元性格沉闷,连给客户打电话都感到心慌,以至于很多人认为他不适合做销售。但他还是留下来了,直到入职第三个月的最后一天才拿下第一个客户,得到一个六万元的大单。

罗庆元尽管一度处于被淘汰的悬崖边缘,但还是坚持了下来。许多比他业绩好的人反而没留下来。他后来成为"中供铁军"为数不多的几位大区总经理之一。

解析：工作技巧可以由培训得来，但对目标"很傻很天真，又猛又持久"的职业素养不是光靠培训就能养成的。我们从罗庆元的案例中不难发现，他并非天资过人，但做事能像阿甘一样坚持到底。

只要肯努力学习和积累，工作能力是可以提高的。但坚持到底的信念，既与个人性格有关，又取决于你对公司的前景是否有信心。其他"聪明人"和"能干的人"都走了，留下了坑。罗庆元相信自己能跟公司一起获得成功，选择了坚持，成为填满那些坑的萝卜。这样的结局很公平。

实战心得

"中供铁军"的阿里人推崇Top Sales（顶尖销售员）的心态。Top Sales和普通销售员在心态上有一些明显的差异。普通销售员缺乏舍我其谁的自信，悲观主义色彩浓厚，总是觉得任务难以完成，缺乏完成目标的信心。Top Sales则有舍我其谁的豪气，凡事抱着乐观主义态度，无论多么困难的任务都会竭尽全力去完成。正如马云所说："每个人的最后实力在于勇气和坚持。"

"铁军"顶尖销售员必备的工作好习惯

> **阿里工作哲学**
>
> 阿里巴巴内部把顶尖销售员称为Top Sales,最初是指"中供铁军"里那些进入"百万俱乐部"的人。Top Sales的销售效率通常比普通销售员的高10倍,身价是普通销售员的5~15倍。但是许多新人真正接触了公司里的Top Sales后,却发现他们和普通人其实没什么两样,只不过多了一份Top Sales的职业心态。而这种职业心态的养成,离不开良好的职业习惯。

"中供铁军"Top Sales中的传奇人物贺学友,曾创下一年获得11个销售冠军的纪录。整个阿里集团至今还没人打破他的纪录。他在带新人、建团队的时候,要求销售团队的每个成员都要养成Top Sales的心态。为此,贺学友总结了一些Top Sales必备的工作好习惯。

习惯一:勤于思考

有些人会想,如果每天的工作都排得很满,没有时间去思考问题怎么办?但在贺学友看来,正因为任务繁忙才更需要通过思考来把每一天的工作变得更有条理。他指的思考不是单就某个具体问题进行思考，而是不受时间和空间局限的、贯穿于整个销售过程的持续性思考。唯有如此，我们才能以更开阔的视野来认识自己的工作，把它做得尽善尽美。

贺学友的做法是每次结束客户拜访后都回顾一下刚才的过程，思考下一次拜访这个人时，应该避免出现哪些失误，怎样把时间节点控制好。他在拜访下一位客户时，就会注意这些问题。

习惯二：勤于总结

总结和思考是不同的概念。思考侧重于分析问题的本质，而总结侧重于梳理具体的经验教训。总结做得好不好，可以反映出一个人的学习能力。这个能力甚至直接决定了其工作效率。

总结其实就是一个提炼价值的过程，能帮助我们抓住工作的重点。Top Sales和普通销售员的一大区别就是，他们每天都会进行业务总结。具体内容包括但不限于对客户情况的总结、对销售情况的总结、对自身表现的总结。

习惯三：保持有规律的生活

不少人以为熬夜加班才是奋斗，日夜连轴转才是拼搏。贺学友却指出Top Sales推崇的恰恰是保持有规律的生活。因为销售工作对人们的脑力和体力都提出了较高的要求。销售员若是精力不足、哈欠连天，就不可能在工作中保持头脑清晰。

Top Sales一般都是能不熬夜就不熬夜，早睡早起，早出发早开工。如果客户今天见到的第一个销售员是你，那么你将有更充足的时间与之谈判。而且，有规律的生活能让你保持身心健康，可以比那些透支身体的人做更多的业务，而不至于在尚未成功时就病倒。

习惯四：保持勤奋的精神

阿里巴巴衡量销售员是否勤奋的指标是客户拜访量。Top Sales的客户拜访量相当惊人。虽然不是每次拜访都能带来业绩，但勤奋给他们带来的收益已经让普通销售员难以望其项背。

一般人只在刚接触工作时保持着勤奋的精神，以此弥补技能上的短板，努力完成更多的业务。但当他们熟悉工作技能后，常常会放松下来，变得懒散。这种"阶段性的勤奋"在阿里巴巴中是被批评的。阿里人提倡的是有始有终的勤奋，从工作的第一天到最后一天，都不减少努力的劲头。

习惯五：经常做笔记

做笔记是为了帮助我们记录工作的全过程。即使你记性再好，拜访的客户多了还是会记不住的。笔记可能帮助你快速恢复记忆，回忆起工作中的细节。其中最有用的内容就是客户反馈给你的意见。

在与客户打交道时，他们会给你传达许多信息。有些是条理分明、逻辑清晰的意见，有些则看似不重要但包含着强烈情绪和痛点。客户对此非常重视，故而Top Sales会将其详细记录到笔记上，以便回去后研究。而且客户看到你认真记录他们的话时，会对你产生更多的信赖感。

习惯六：不断学习进步

马云把"拥抱变化"作为阿里人的一项重要精神。这意味着每个阿里人都要不断地接触新事物和新观念，通过学习来取得进步。阿里巴巴集团的每一位Top Sales已经把积累进步视为一个日常习惯。

比如，贺学友要求自己"每天进步1%"，他不允许自己原地踏步。这里的进步可以是业绩上的进步，也可以是心态上的进步，还可以是其他方面的进步。总之，正如"今天最好的表现是明天最低的要求"这句阿里"土话"所说，今天的你要比昨天的你在某个方面有所提升。

习惯七：正视自己的失败

一般人认为只有成功才是有价值的，但马云和其他阿里人都认为了解成功经验不如学习失败经验。谁都不想失败，但越是努力奋斗的人就越会遭遇更多的失败。失败是每个人都要经历的事情，但对待失败的态度是反败为胜者与彻底失败者的最大区别。

Top Sales的客户拜访量远多于普通销售员的，胜利的次数多，失败的次数也多。工作不是一场100米冲刺，而是漫长的马拉松。有些人因为失败了多次，就失去了追求进步的信心。所以，贺学友认为销售员应该养成正视失败的习惯，把失败当成一件平常事去看待。正视失败，理解失败，才能修炼出属于自己的高效工作法。

习惯八：30%的时间说+70%的时间听

普通销售员为了表现自己的干劲，常常不知疲倦地向客户表达自己的看法。但在贺学友看来这不是一个好习惯。他认为应该把销售时间分为两部分，表达的时间只占30%，倾听的时间则占70%。

因为销售的本质是让客户理解和接受产品的价值。你的说辞只有围绕他们的实际需要展开时，他们才会认同你、认可产品。如果销售员只是一味地按照销售话术模板去展示产品，而不去倾听客户的想法，就不可能真正明白对方的需求和痛点。Top Sales在销售时有倾听的习惯，故而能更好地打开局面，促成交易。

习惯九：分享心得

许多职场精英都反对把工作心得分享给他人，害怕别人学会后威胁到自己的地位。这种风气在阿里巴巴是不被提倡的。与之相反，阿里巴巴从"中供铁军"时代就高度重视工作心得的分享，让表现出众的Top Sales走上讲台，向大家传授心得。

阿里巴巴的核心价值中有一条"教学相长"。Top Sales分享心得的习惯就是这条核心价值观的具体表现。贺学友指出，阿里人的分享是相互的，Top Sales在分享心得的过程中，同时也在学习别人的心得。这样才能更好地实现"每天进步1%"的小目标。

习惯十：勇于成交

成交是销售的最终目标。我们应该带着成交思维去跟客户谈判。遗憾的是，不少能力不俗的销售员到了最后会产生恐惧心理，不敢向客户提出成交，最终因为自己的退缩和犹豫错失了机会。这是正常现象，但不改变它的话，你就永远成不了Top Sales。阿里的Top Sales都会有意识地锻炼自己的成交意识，敢于向客户提出成交建议，把订单稳稳当当地拿下来。

实战心得

对于Top Sales该怎样做到"每天进步1%"的问题，贺学友分享了自己多年来的宝贵经验。他说："人无完人，我们每个人都有自己的优点和缺点。在晋级为Top Sales这条路上，我们要多学习别人的长处，多补自己的短处。比如，如果缺乏销售技巧是你最大的问题，就多学习销售话术和成交技巧；如果情商是你最大的不足，就着重练习提升情商。"

第五章

有效执行：
工作成果要能真正帮助别人生存

任何一种高效工作法都会设法强化员工的执行力。但有些员工只考虑执行的数量和速度，而不考虑执行的质量和后续影响。这样的执行力只是半吊子水平。阿里人提倡的是"有效的执行力"。不仅仅是抓好细节、安排好轻重缓急的工作，还要确保你的工作成果切切实实能给别人带来好处。每天加班加点地拼命干活不是敬业，增加自己的有效执行成果才是真正的敬业。说到底，阿里集团会为每个人的不懈努力鼓掌，但只按结果给有效执行者付酬劳。

把你手头的工作当作吃饭来对待

> **阿里工作哲学**
>
> 有些员工缺乏自信,觉得做不好自己的工作。这种畏难情绪会导致他们的执行力下降,迟迟不能完成任务。想要扭转这种局面,就得改变心态。阿里有句"土话":"把你手头的工作当作吃饭来对待,你一定可以做好。"像吃饭一样用心地去做必做的工作,不断钻研下去,绝不放弃。这就是阿里人突破工作瓶颈的策略。

工作做不好,可能是因为缺乏能力,也可能是因为缺乏经验,还可能是因为缺乏条件,更可能是因为态度消极。态度消极不仅仅是指行动上懒惰,也包括思想上懒惰。有些人不肯全力以赴地钻研业务,只是用行动上的勤快来掩饰思想上的懒惰。缺乏自信的人,害怕压力的人,不敢面对困难的人,或多或少都在思想上有惰性,缺乏真正的执行力。

人人都知道不吃饭会饿死,为了让自己活下去,在吃饭这件事上有几十年如一日的强大执行力。把工作当成吃饭来对待,意味着将工作视为生命。带着不完成任务就活不下去的觉悟去做事,不达目的不罢休,总能找到突破口。

吴敏芝执掌中供团队时的管理风格柔中带刚、公开透明，非常重视与团队成员达成共识。她说："为什么今天中供执行力那么强？很多时候是在背后做了大量工作。一个5秒钟的决策，可能花了5个小时去思考。如果不去做前期的准备工作，一个决策就没有人执行，或者阳奉阴违。执行力强并不是强压去做，没有人愿意被强压，都要把后面的原因说清楚。"

做5秒钟的决定要花5个小时去思考，这样的准备工作看起来很麻烦，却能让后续工作变得十分顺利。吴敏芝把手头的工作当成吃饭来对待，由此产生的执行力跟那些混日子的人自然不可同日而语。

为了培养这种强烈的事业心，我们平时应该在这几个方面下功夫。

第一，认清自己的奋斗目标。

每个人都应该明确自己的奋斗目标。这里的奋斗目标不是指工作规划中的目标任务，而是你希望在工作中达成的愿望。比如，业绩创造新纪录，在业内开创一个先例，超过某位同事，赢得某个级别更高的职务，让家人为你感到自豪，等等。这些具体的个人奋斗目标蕴含着你的强烈愿望，能给你带来更强大的动力去提高执行力。

第二，做一些克服惰性的自主训练。

很多时候，人们并非不懂得高效工作法，只是没有真正去实践它。很多人都会被惰性征服。为此，我们平时要制订一些训练计划。比如，没有完成某项工作就罚自己在规定时间内不能做某件自己喜欢的事情。用这种痛苦来刺激自己坚持训练，直到戒掉恶习为止。

第三，找个可靠的人监督自己。

光靠自己的毅力有时候很难克服怠惰心态，可以找一个可靠的人来监督自己、激励自己，让你在精神溜号、毅力衰退时能够重新振作，不敢再犯拖延症。这个人可以是你的家人、朋友、同事。总之，你要让他们严格地监督你，鞭策你提高执行力。

实战心得

阿里人有句"土话"："马上做，做精彩！"马云也说过，一流的点子加三流的执行，不如三流的点子加一流的执行。即使你缺乏令人惊艳的创意，只要大方向没错，就可以尝试一下。再好的创意若是迟迟不能完成，也只是在烧钱而已，并不能产生效果。而比较一般的创意，只要能给公司带来效益，就算是有良好的效果。有成果总比没有成果好。执行力强的人可以跟任何类型的人才做搭档，这也是一种核心竞争力。

别想做不做得到，关键是做不做、怎么做

阿里工作哲学

阿里人之间流传着一句"土话"——"事做不做得到，有的时候是听天由命，但是做不做、怎么做那是关键。"有的人一看到实现任务目标有很多困难，就决定放弃，等到别人做成了并且功成名就了才后悔。早知今日，不如当初就不要去顾忌自己能否做到，一门心思去想该如何执行。

畏难情绪是阻碍执行力的一个重要因素。人们若未战先怯，就会千方百计地逃避压力，在事前死活不肯接任务。不得不担起责任时，也会找各种借口拖延，不愿全力以赴。总是把进展不顺的原因归于客观上的困难。

这种做法在阿里人看来就是一种投机心态。这样的员工总是想挑轻松的工作来做出好业绩，而不愿意去做比较艰难而长远有利的工作。当公司需要员工去开辟新市场或者新业务时，这样的员工会放弃挑战自己，只躺在舒适区里乘凉。

因此，想要提高执行力，取得更多成果，获得组织的赏识，就不能怀着投机心态去做事。畏难情绪人人都有，但优秀的人才不会只想着做不做得到，而是会认真思考这件事该不该做，以及应该如何着手。

工作实例

2006年入职阿里巴巴的封晓红被同事们尊称为"封神"，因为她有旺盛的工作热情和骄人的业绩，而且在中供销售的大转型中依然是引领群雄的标杆。封晓红有着不畏艰难的奋斗精神和超乎寻常的执行力。无论定下什么目标，她必定全力以赴，不达目的不罢休。

封晓红立志要成为Top Sales。一般的中供销售一天见几家客户，有些勤快的见几十家，但封晓红曾经创下一天拜访100多家客户的记录。为了吃透公司的业务，她每周五都会在公司内网上学习专业知识直到周六凌晨。

她入职的第一个月颗粒无收，第二个月就做了10万元业绩，第三个月做了28万元，第四个月成为区域销售冠军。5年后，封晓红以破纪录的百单新签客户数成为中供的全国销售冠军，并在接下来的几年中蝉联全国第一，还刷新了阿里巴巴B2B事业部的年度记录。

就在封晓红成绩斐然时，2014年的市场形势发生了剧烈变化。公司要求销售员们从成交高手转型为业务生态圈的运营者。这让许多金牌销售员感到非常不适应。但封晓红没有气馁，反而更加积极地拥抱变化，去做大家认为做不到的事情。

从2015年开始，封晓红启动了个人生态圈"笑傲江湖棋行天下"，通过一系列项目培养了30多家明星客户和不同类型的优秀讲师。她每天以高强度的工作状态不断创新，整合了许多资源，把中供创造外贸生态圈的构想变成了现实。

在生态圈的支持下，封晓红的个人业绩变得更加令人震撼。她于2016年登上阿里巴巴"牛尼斯"荣誉殿堂，成为B2B部门"牛尼斯"记录的创造者。她的传奇经历至今仍鼓舞着无数阿里人。

解析：封晓红的成功不仅仅是因为她敢想敢干，还因为她找到了适合自己的方法。她吃透了所有的业务，在工作上保持着超前意识，通过不断整合资源来进一步提升自己的竞争力。

曾鸣教授指出："什么东西你能做？你有什么样的资源、人或者组织建设的能力？想做，可做，能做，这中间的小小交集，才是你真正该做的，这就是你的战略。"他这番话正好解答了"怎么做"的问题。

从你想做的事中找出可以做的事情，再从可以做的事情中找到你现在就能做到的事情。如果你不想做，那件事最后十有八九做不好。不要让自己心中留疙瘩，要真正下决心去做，才能找到想做、可做和能做之间的交集。那就是你推动工作进展的着力点。

实战心得

量力而为通常是正确的，但有些谁先出手谁得利的重要机会，是不可以不去做的。从当初的淘宝、支付宝到阿里云计算、阿里文娱，阿里巴巴做了许多在大家看来自不量力的事，跌跌撞撞地走到了今天，在有些领域依然不见起色。但阿里人还是用"以终为始"的思维方式来考虑问题，认准了哪些东西是未来人们消费生活所必需的，就百折不挠地做下去。即便开始的时候大家是外行，遇到很多困难，但只要坚持做下去，不断学习，不断吸收相关人才，总有找到办法的时候。

与其抱怨老板关注细节,不如比老板更细致

阿里工作哲学

> 无论你多么努力,多么认真仔细,都不一定能让老板全盘接受。他们往往会在各种细节上挑刺,甚至直接否定你的劳动成果。这样的事出现得多了,你的信心会备受打击,变得越来喜欢抱怨,做事畏首畏尾。面对此类情况,阿里人常说一句"土话":"与其抱怨老板关注细节,不如比老板更细致。"

我们在制定战略时要抓大放小,过分关注细节会变得"只见树木,不见森林"。但在执行环节恰恰相反,要把打磨细节放在首位。因为,无论多么好的想法,多么完美的规划,都是通过点点滴滴的细节来实现的。甚至可以说,一个不重视细节的人根本不可能让好想法真正落地,反而会白白浪费精彩的创意。

许多员工经常抱怨老板太计较细节,出了一点小错就会被批评。先不说老板脾气坏不坏,你的工作质量本身是否达标,才是应该重点考虑的问题。有的人对待工作本来就粗枝大叶、马马虎虎,团队伙伴指出来

时，他们还嫌别人多管闲事。抱有这种工作态度，不犯错是不可能的，被批评也是应该的。而那些在细节上精益求精的人，很容易在团队中脱颖而出，成为专家，成为楷模，成为公司里的明星。

工作实例

瓜子二手车原首席战略官陈国环在阿里巴巴工作了12年，担任过B2B事业群渠道部总经理。他是"中国供应商"团队的优秀销售员，因主管制改革而成为团队主管。他升为主管的第一个月恰好是"非典"肆虐之时，很多公司的业务停摆了。但陈国环团队反而逆流而上，主管组当月业绩高达100余万。

陈国环能创造如此佳绩，原因有很多。首先，他本身是个工作很拼命的人。其次，他善于管理团队，把其他销售员也带出来了。最后，他在工作中非常重视细节，善于发现一些其他人没注意到的东西。

遇到特别难拿下的客户时，陈国环通常让自己团队的销售员去跟客户谈，时机成熟的时候再由主管出马收单。有一次，一位大单客户很顽固，销售员跑了很多次，尝试了各种办法，但都铩羽而归。陈国环亲自出马，见到客户，一开口，既没有介绍产品，也没有分析客户经营状况，而是说老板想要赚大钱得做跟金有关的业务，最终说服了那个客户。

解析：这个案例生动地反映了什么叫"细节决定成败"。其他销售员没能打动客户，不是因为能力不强，也不是因为不够努力，而是没有找到客户关注的细节。除了经验丰富的因素外，更重要的是善于观察、勤于学习。

客户是千变万化的，工作要求也是千变万化的，市场形势还是千变万化的。我们不可能一招鲜，吃遍天，只能具体问题具体分析，从细节入手打开局面。请记住，你今天的每一个工作细节，都会影响明天的成败。因此，我们在日常工作中要重视细节，把让客户感到不舒服的细节改掉，把让团队分工协作感到不顺畅的细节改掉。当点点滴滴的细节没有问题的时候，你就能赢得很漂亮。

实战心得

阿里人有个观念叫作"赢在细节，输在格局"。马云是个非常重视细节的人。他曾经对员工说："今天我们面临的问题很多，但是我们的对手也比我们好不了多少。咬牙切齿地多熬一分钟，多完善一个程序，多做好一点点服务，多服务好一个客户，我们赢就赢在0.01秒。"我们在抓细节的时候也要综合考虑成本核算。不计成本地抠细节并非明智之举，只是在浪费资源。只要比竞争对手好一点点，就足够了。

所谓高效就是做好重要和紧急的事情

阿里工作哲学

人们在工作量较小时不太在意效率问题,等到工作任务繁重时才发现自己并不善于统筹安排工作。当几件事撞到一起时,效率低的人手忙脚乱,效率高的人井井有条,高下立判。时间对每个人都是公平的,只是每个人对时间的利用效率存在差异。所谓提高效率,实际上就是提高时间的利用率。关于这一点,阿里人有一套自己的时间分配原则。

阿里人常说,没有过程的结果是垃圾,没有结果的过程是放屁。结果重要,因为它会给公司带来效益,是KPI考核的依据。过程也重要,因为糟糕的过程意味着资源浪费、时间浪费、精力浪费。好的过程就是用正确的方法做正确的事,这能让我们更容易产生高效率,得到令人满意的好结果。

阿里有句"土话":"高效做好重要和紧急的事情,腾出大量时间做重要不紧急的事情,尽快做好紧急不重要的事情,避免不重要不紧急的事。"

在实践中，人们更习惯于先完成容易完成的事，而不是重要的事。其实那些容易完成的事，十之八九是不重要也不紧急的。即使你做得再快，也不代表你执行效率高，而恰恰说明你做事不懂得抓重点。假如我们平时能为重要而不紧急的事情打好基础，就能减少很多重复劳动，不重要不紧急的事情也会随之减少。这就是从源头上省时、省力、省事的办法。

工作实例

2011年，阿里巴巴已成立12年，有人戏称这是公司的本命年。在这一年，爆发了"诚信门事件"。中供团队中许多功勋卓著的管理者和老员工被降职、降级甚至辞退。整个核心团队全面调整，中供上下人心惶惶。同年2月，已经离开中供四年的吴敏芝被调回中供，整顿这个元气大伤的老牌团队。

吴敏芝意识到，当前最重要和紧急的事情不是让中供团队挽救下滑的业绩，也不是补充新人，而是要重新树立团队成员的信心和士气。既要让团队成员意识到自己错在哪，又不能因此陷入受害者心态。

她首先花了大量时间去跟各个区域、各个层级的管理者和一线员工沟通。通过各种各样的谈话了解情况，加强情感联络。为了稳定军心，吴敏芝还调整了当时一线销售员的薪酬制度，提高了他们的起薪。一大批因被处分而状态低迷的员工在她的鼓励下，重新把注意力集中到业务上。

与此同时，吴敏芝一方面强化了"高压线"的执行力，另一方面还给"高压线""瘦身"。此举不仅强化了中供团队的纪律性,也避免因规矩太多而降低员工做事的积极性。在吴敏芝的带领下,中供团队痛定思痛,重新焕发了"铁军"的风采,又成了马云眼中最有阿里味的集团"长子"。

解析:中供团队多年来持续高速发展,但也出现了只重视成果而忽视过程和价值观的弊病。由于集团的大整顿,中供团队受到严重的冲击,难以保持生产力。虽然集团要求重新盘活中供,但吴敏芝没有急于抓业务,而是先解决人心的问题。

吴敏芝的大局观很强,做事也很注意抓重点。她很清楚,中供团队依然有能力实现业务增长,但"诚信门事件"让大家无法安心工作。不解决众人心里的疙瘩,团队会垮掉。所以她才把沟通疏导放在第一位,并通过提高起薪和给"高压线""瘦身"等制度改革来重塑团队。在解决了这些重要而紧急的问题后,中供的其他问题也很快迎刃而解。

实战心得

当你认真统计自己做的各种事的时候就会发现,工作效率低下主要是因为在某些事上花费的时间太多。要提高工作效率就要注重时间管理,合理分配做不同类型工作的时间。每个人一天只有24个小时,靠减少睡眠来延长劳动时间的办法提升空间有限,而且后患无穷。计算出做不同工作的必要时间,以此为标准督促自己,可以减少工作的随意性和盲目性,提高执行效率。

敬业不是每天加班,而是每天不断进步

阿里工作哲学

曾经有员工询问加班的事情,马云表示:"加班是应该的,不加班也是应该的,只有完不成工作是不应该的。"几乎每个阿里人都加过班,但不是每个加班的人都能升职加薪。说白了,有些人加班只是被动加班,跟敬业无关。真正的敬业不是通过延长工作时间来体现的,能力和成果上的进步才是最有力的证明。

阿里有句"土话"叫:"今天最好的表现是明天最低的要求。"阿里人的敬业精神由此可见一斑。"敬业"是阿里"六脉神剑"中不可缺少的一条核心价值观。它要求人们不断提高自己的能力,以积极而专注的态度来应对工作。"敬业"这支剑可细化为以下几点:

★专业执着,精益求精。

★今天的事情不推到明天,自己的事情不推给别人。

★专注于工作,做正确的事情。

★ 在工作上以较小的投入获得高效的产出。

★ 以专业的态度、平常的心态对待每件事。

★ 持续学习，不断提升，今天的最好表现是明天的最低要求。

如果你能坚持按照上述要求一条条做下去，那么成长为业内一代精英并非遥不可及的事。但阿里人眼中的敬业不仅仅是认真工作，还包括真正热爱公司，热爱这份事业。对公司缺乏认同感，对愿景目标缺乏使命感，不愿意跟团队成员真诚合作，都是不够敬业的表现。

工作实例

任阿里巴巴集团CEO的张勇花名叫"逍遥子"。他并非"创业十八罗汉"之一，而是直到2007年才加入阿里巴巴，所以外界对马云的用人议论纷纷。其实张勇能后来居上，正是不断提升自己的结果。

加入阿里巴巴之前，张勇在盛大做CFO（首席财务官），并没有做CEO的经验。他入职阿里后，最开始担任的是淘宝网CFO，后来兼任淘宝网首席运营官兼淘宝商城（淘宝商城即后来的天猫）总经理。刚开始，他不适应阿里的企业文化。但他学习能力很强，积极参加公司一些内部交流会议（比如"裸心会"）。就这样，张勇很快熟悉了阿里文化及战略，开始发挥出自己理性务实的长处。

尽管在他负责淘宝商城期间发生了"十月围城"事件，但张勇把淘宝商城经营成了极具影响力的电商平台。淘宝天猫"双11"购物狂欢节也是他一手主持打造的。

张勇既有坚定而细致的执行力，又有高瞻远瞩的战略眼光。他能完美地把宏观战略与微观细节结合在一起，从而为公司带来许多新的发展机遇。他目前在为阿里集团的"五新"战略服务，并且已接替马云担任阿里巴巴集团董事局主席。

解析：张勇为人低调内敛，有敏锐的商业嗅觉，做事非常讲究策略。不光是形式上很努力，实质上也能给公司带来很好的营收。通过公司的轮岗制度，张勇先后在多个重要岗位上任职，均做出了令人称赞的业绩。

论加班时间，也许在阿里张勇不是第一。但加班仅仅代表延长了工作时间，不代表真正有效率。有时候，频繁加班恰恰是执行不力的表现，不代表你真的很努力。我们应该像张勇那样，把敬业精神立足于学习和思考，永远站在公司和社会未来发展的角度思考当下的工作重心，然后再以强大的执行力去有的放矢地做事。这样的努力才是实实在在的，才是有效果的。

实战心得

在阿里巴巴、华为等知名企业，加班加点是常态。因为很多商机稍纵即逝，按部就班地做事是不可能把握住机会的。但加班毕竟会给员工的身心带来更大的压力，若是凡事都靠加班完成，很难保持长久。公司一方面会给加班的员工相应的物质奖励，另一方面会通过组织团队活动来调节加班的气氛，让大家不至于过分紧张焦虑。随着公司规模的扩大，这个传统的执行效果有些打折扣，但阿里高层还是在尽量坚持去做。

第六章

贴心服务：主动把客户的麻烦留给自己

阿里巴巴奉行"客户第一，员工第二，股东第三"的理念，要求每个阿里人都要有客服人员的自觉，随时为客户进行贴心服务。然而，我们许多人只把客户当成冲业绩的跳板，用"业绩第一"代替了"客户第一"。这个认识误区会降低我们的服务水平，给客户造成不好的体验，从而收到他们的"差评"。马云认为，只有主动把客户的麻烦留给自己，帮助客户赚钱，公司才能赚钱。在此基础上，阿里人能正确应对客户的反对意见，不一味盲从，真心实意地全方位赋能合作伙伴。只有当我们与客户共同成长时，才能实现长久的双赢。

阿里巴巴的每个人必须是客服人员

> **阿里工作哲学**
>
> 阿里巴巴虽然是一家互联网公司，但自我定位跟其他互联网公司并不一样。马云说："我们从来不把自己定位为高科技公司，不把自己定位成互联网公司，我们把自己定位为一家服务公司。我们的目标是帮助中小企业成长，而不是自己标榜自己。"在这个思想的指导下，所有的阿里人都要具备服务精神，从不同的方面服务客户。

在马云眼中，阿里客服团队是精英中的精英。他曾经说："阿里巴巴不要求每个人都变成销售人员，但每个人必须是客服人员。"因为"客户第一"是阿里最重要的核心价值观之一。只有人人都做好服务，才能真正打动客户。

为了贯彻这个方针，阿里还组织了"亲听"行动，让全公司的业务决策者深入服务一线，倾听客户的声音，更好更快地解答客户的问题。马云和他的接班人张勇都带头参加了"亲听"，当了一回"小二"，亲自为客户服务。

"小二"是阿里员工的自称。这个习惯始于淘宝员工。淘宝上的客服人员认为自己的工作跟古代的店小二很像,便自称"小二"。吴敏芝在新网商峰会上说:"其实在阿里,每个'小二'都是CCO(首席客户官),人人都是客户代言人。当然,服务只是CCO工作中的一部分,一家企业的CCO真正要负责的是客户在平台上的体验,应该叫首席体验官。"

为了提高服务水平,阿里"小二"们总结了一些重要的工作技巧。主要包括以下几点:

1. 用心回复每个询盘

询盘又称询价,指的是买方或卖方为了购买或销售某项商品,向对方询问有关交易条件的表示。所有阿里客服都要积极帮助每一个需要帮助的人,把每一个与其联系的人变成朋友。买卖不成仁义在。你今天帮助了对方,明天很可能就会收获一个大订单和一个高忠诚度客户。

2. 写好公司介绍

全体阿里客服应该在公司介绍中加入创始人的经历、公司发展过程等,用数据与证书证明公司在行业中的竞争优势,让客户相信阿里巴巴的超强实力。

3. 经营信息排名

分时段重发产品信息,为产品选择精确匹配的关键词,并申请诚信通会员。这些都可以让产品信息的排名提前。还可以开通网销宝,帮助商家申请黄金展位,获得更多曝光机会。

4. 设计旺铺LOGO（商标）

设计一款适合自己产品与旺铺风格的LOGO，让客户一看到就想在你们的旺铺购买。

5. 申请友情链接

多和同行的朋友交换友情链接，增加彼此的订单，也增进彼此的友情，实现合作双赢。

6. 玩转论坛

在阿里论坛经常发帖，积极回帖，与同行们做深度沟通。积极参加各种活动，多多结识商友并获得曝光。

7. 玩转生意经

生意经是实用的商业问答与百科平台。学习生意经上的精品知识，搜索各种行业问题的答案。向生意经方面的高手们提出问题，寻求答案。也可以像专家一样积极回答别人的问题。提升自身水平，拓宽人脉，获得口碑，赢得宣传。

8. 发布招聘信息

招聘员工信息从侧面证明了阿里巴巴的高速发展。积极发布招聘信息也是在宣传企业的实力。

9. 与阿里巴巴双赢

在一切你可以想到的地方，都写上你的旺铺的地址。比如名片、产品说明、公司网站、员工手册等，像经营实体店一样经营旺铺。

实战心得

阿里的技术人员看似不用经常跟客户打交道，实则不然，还是会拐个弯为客户服务。马云说："我相信全世界80%的人跟我一样，我们害怕技术，不懂技术，但是我们向往技术。大部分人总是讲自己的产品多么高科技，其实，把技术说得越高，离客户越远。"阿里的很多技术成果并不见得多么"高大上"，一般都很接地气，设计思路走的是亲民路线。淘宝、支付宝的成功，在很大程度上就是技术人员为改善客服体验而努力的结果。

"客户第一"不能混淆成"业绩第一"

阿里工作哲学

每个员工都在为完成KPI而辛勤劳动,努力让客户愿意购买他的产品和服务。但抱着不同的心态去做这件事,效果大不相同。"客户第一"是阿里巴巴价值观的第一条。最早为公司梳理价值观的关明生有句名言:"'客户第一'不是'客户的钱第一'。"如果不明白两者的区别,你很容易在追逐业绩时误入歧途。

在阿里巴巴,"客户第一,员工第二,股东第三"是一个共识。马云认为,客户才是公司真正的衣食父母,股东只能算是娘舅。阿里人无论做什么,最后一定赢在客户服务上。在阿里"六脉神剑"中,"客户第一"这支剑包括以下内容:

★客户是衣食父母。

★无论在何种状况下,微笑面对客户,始终体现尊重和诚意。

★在坚持原则的基础上,用客户喜欢的方式对待客户。

★站在客户的立场上思考问题，最终达到客户的期望。

★平衡好客户需求和公司利益，寻求双赢。

★关注客户需求，提供建议和资讯，帮助客户成长。

这个理念很"高大上"，但落地就不那么容易了。比如，曾经有员工为了冲业绩默许骗子购买"中国供应商"产品去欺诈国外客户，只想着怎么把客户的钱捞到自己的口袋中。公司发现后果断把这个员工开除了，因为他违背了"客户第一"的价值观。

欺诈客户的员工当然要严惩，那么，若是遇到成交额没那么高的客户，该不该花力气为他们竭诚服务呢？对于一开始就把中小企业和创业者作为主要服务对象的阿里人来说，这并不是什么难题。

工作实例

花名"菲机"的杨菲转岗到淘宝营销中心后做的第一个项目是帮助甘肃的商家卖民勤甜瓜。商家是农科院毕业的创业者，希望把家乡物美价廉的民勤甜瓜推向全国。这个愿望很美好，但在网上卖农产品意味着品控、物流和售后方面的风险都会大大增加。光从业绩的角度考虑，这并不是一个好项目。

杨菲开始还有些犹豫，但商家给她打了许多电话。商家创业的决心坚定不移。于是杨菲也决定冒险。俩人都是营销新手，一起摸爬滚打，克服了各种困难，从品控到发货都亲力亲为。"甜如蜜"民勤甜瓜一上市就受到消费者的欢迎，打破了淘金币单坑记录。杨菲在业绩和"客户第一"价值观的考核中都交出了令人满意的答卷。

解析：对照"客户第一"的细则，我们不难发现，杨菲的决定完全符合"平衡好客户需求和公司利益，寻求双赢"和"关注客户需求，提供建议和资讯，帮助客户成长"的要求。她没有为了个人的短期利益而放弃帮助商家。

阿里人在工作时不光看对业务有没有帮助，更重要的是看能否真正帮助客户。即使是风险较大、回报看起来不太高的项目，只要符合"客户第一"的价值观，阿里人依然会大胆去做，与客户一同成长。正因为有如此多的员工践行"客户第一"的价值观，阿里巴巴才能坚持"让天下没有难做的生意"的初心。

实战心得

为了避免把"客户第一"歪曲成"客户的钱第一"，阿里巴巴制定了相应的价值观评分标准。在阿里巴巴的价值观评分标准中，"客户第一"的评分标准分为五等：

分值	标准
1	尊重客户，能维护公司的形象
2	能微笑面对客户的投诉和受到的委屈，积极主动地帮客户解决问题
3	在与客户交流时，即使不是自己的责任，也不推诿
4	能站在客户的立场考虑问题，在坚持原则的前提下让客户和公司都满意
5	具备超前服务意识，把客户的问题解决在发生之前

与客户共同成长,帮客户过冬

> **阿里工作哲学**
>
> 阿里巴巴从成立之初就把目标客户锁定为广大中小企业和创业者。与大企业相比,这些客户数量众多,但抗风险能力和盈利能力都比较弱。为了保住自己的市场基本盘,阿里巴巴一直把"与客户共同成长"和"帮客户过冬"作为基本方针。每个阿里人在为客户服务时都要认真考虑自己做的事能否真正帮助客户发展壮大。

马云说过:"我认为,阿里巴巴如果成长,两批人一定要成长,这两批人不成长阿里巴巴就不会成长。第一批人就是阿里巴巴的员工,第二批人就是阿里巴巴的客户。今天我们希望把一些管理的想法讲出来,只有今年赚100万,明年赚200万,后年赚300万,你们成长了,我们阿里巴巴才会成长。"

依照这条核心价值观,阿里巴巴不仅要帮助客户成长,还要做到在困难的时候不抛弃自己的"衣食父母"。

工作实例

2008年，金融海啸席卷了全世界，许多国家陷入经济萧条的困境。主要以出口贸易为生的中国中小企业也遭受冲击，海外客户订单锐减，融资困难，不少企业随之倒闭。阿里巴巴自成立以来就把中小企业视为主要服务对象，也因此面临巨大的困难。

但是马云说："我认为任何一次灾难都会带来机会，危机危机，机会就在危险中。我们要帮助中小企业渡过这个难关。"

为此，阿里高层启动了一个帮助中小企业过冬的援助计划。集团整合了旗下的B2B、淘宝网、支付宝、雅虎口碑网、阿里软件等资源来帮助中小企业寻找订单，做出口内贸。同时还不惜把自己45%的利润降低到25%，给客户减轻了交易费用方面的负担。

经过不懈努力，阿里巴巴与客户们一起挺过了这次危机，迎来了经济复苏。阿里巴巴在商界拥有了更好的声誉，培养了更多的忠实客户。

解析：舆论后来都在称赞阿里人的格局和仗义，但那是在阿里跟客户一起翻身之后的夸赞。而在阿里人帮客户过冬时，更多人在猜阿里巴巴会不会因此倒下。也许，他们平时也不缺乏服务客户的精神，但仅限于客户有钱的时候。当客户缺钱时，他们的态度就会发生一百八十度大转弯，只给客户留下一张冷漠的脸。在阿里人看来，这种对客户缺乏敬畏和感恩的行为是不可取的，迟早会失去客户的信任。

马云坚持认为，只有让广大客户赚到了钱，阿里巴巴才能赚到钱。当客户遭遇危机时，阿里巴巴集团也不能只顾自己的安危，要帮客户一起渡过难关。这个观念促使阿里人克服重重困难来帮助客户生存，成为业界的美谈。

实战心得

阿里巴巴集团的壮大离不开广大中小客户的成长。与客户关系越好的销售员越容易出大成果。比如,"中供铁军"中第一个实现年销售额过百万的黄榕光,每次在拜访客户之前都会很用心地分析客户公司的情况,给出中肯的意见。许多客户都信任他,不仅希望他上门指教,还把其他做生意的朋友介绍给他。通过尽心尽力的服务来打动客户,再让信任自己的客户来影响其他客户。这种做法可以说是对"与客户共同成长"的最佳诠释。

把麻烦留给自己,你的麻烦就会越来越少

阿里工作哲学

用户体验在今天越来越重要。所谓好的用户体验,说白了就是产品操作起来很简便,没有让客户感到麻烦的地方。糟糕的用户体验则是让客户感觉麻烦不断,无法轻松使用。马云在演讲时说过:"要把客户的麻烦留给自己。把麻烦留给自己,你的麻烦就会越来越少。"这句话也正是他对全体阿里人的工作要求。

每个人都想在工作中减少一些麻烦。这么想也没错,但减少麻烦的思路应该是提高效率、减少浪费,而不是把麻烦甩给别人,尤其是客户。他们就算再喜欢某样东西,也会被烦琐的消费过程和冷漠的服务态度劝退。如果客户在享受服务的过程中感到不适,就是我们的失职。

只重视拓展业绩而忽略消费者体验,这样的团队肯定做不好客服,团队领导人的价值取向也跟公司有冲突。阿里人中那些为了KPI不惜牺牲客户利益,给客户制造麻烦的人,即使通过了KPI考核,也无法通过价值观考核。

阿里组织部大会每年都会颁发两个跟客户体验有关的奖项。一个是红草莓奖，颁发给在客户服务方面表现优秀的团队以资鼓励；另一个是烂草莓奖，发给在客户服务方面做得不到位的团队以资鞭策。其中，烂草莓奖是由该团队的一把手来上台领奖，以惩罚其管理不力的过失。

工作实例

阿里人倡导"把客户的麻烦留给自己"的观念，与其早期跟环球资源的竞争有关。环球资源是一家成立于1970年的老牌贸易杂志出版商，在1995年推出了自己的B2B电子商务网站，在2002年推出了贸易展览会。双方从2000年开始并列为全球B2B业务最佳网站，竞争不可避免。

环球资源比阿里巴巴发迹早、名气大、资源雄厚，其下属的员工见客户时必须预约，要穿西装、打领带，并且出行有车。相比之下，阿里员工显得不那么专业，衣着打扮和言谈举止都显得很土气。不少人以为阿里比不过环球资源，但最终结果是阿里胜出。

阿里人的资源不如环球资源，但努力有过之而无不及。最重要的是，阿里人非常注重研究客户偏好的细节，愿意为客户处理一下麻烦事。这种服务细节让客户很感动。相比之下，环球资源的员工就不那么细致和热情了。久而久之，环球资源的客户就流失到了阿里那边。

解析：马云有个懒人理论，其核心内容是大多数客户都是懒人。他认为80%的人都跟他一样讨厌麻烦，懒得做这做那。如果自己都觉得麻烦，客户一定会觉得麻烦。阿里"小二"抱着这种心态去换位思考，切切实实地体会到客户的麻烦，就不至于忽视用户体验的细节了。

有些人可能要辩解，客户那么多，自己服务不过来，没法都照顾周全。曾任阿里巴巴首席技术官的王坚博士认为：我们不需要服务好每一位客户，但一定要把一位客户服务透了，把人家的想法、需要、家里的情况摸得清清楚楚，帮客户解决麻烦。只要能把一位客户服务透了，就可以让所有的客户感受到你的服务水平和真诚。这样就可以跟客户构建牢固的信任关系，让双方都少一点麻烦。

实战心得

客服工作做多了就会发现，什么样的客户都有，什么稀奇古怪的要求都有。客服人员会经常遇到让人觉得又好气又好笑的麻烦。尽管如此，我们还是要保持自己的职业素养，要受得了委屈，不能给客户甩脸子，否则就会把事情搞得更加麻烦。大多数客户都是讲道理的人，只是想搞清楚究竟是什么问题。只要能耐心而细致地解释清楚，他们最终会理解的。

学会正确应对客户的反对意见

阿里工作哲学

在服务过程中,我们难免会遇到客户持反对意见。如果处理不当,我们将失去一位客户,以及该客户周围的其他潜在客户。阿里巴巴内部流传着一句话:"有勇气去改变可以改变的事,有胸怀去接受不可改变的事,用智慧去分辨两者的不同。"在应对客户的反对意见时,有经验的阿里人都会按照这句话来做。

无论我们做得多好,客户总会有反对的时候。许多重视客服的公司都奉行"客户永远是对的"的理念,遇到客户反对的时候以客户的意志为准。但马云指出,客户大多数时候都是错的,他们往往不知道自己真正需要什么。如果一味盲从客户的要求,很容易出现问题。那么,我们该怎么面对客户提出的反对意见呢?

首先,我们要冷静下来,不要被客户的反对意见吓到,也不要觉得客户难讲话、爱找碴、有毛病。心态摆不正,带着火气去做服务,肯定无法妥善处理问题。应该在心中告诉自己:客户有异议是正常现象,

他们的反对意见恰恰隐藏着更多的商机,我要好好把握。有经验的阿里"小二"都知道,客户处于以下情况时可能会提出反对意见:

★客户初次接触我们的产品和服务,还没对我们产生信任。

★客户有购买意愿,所以才挑剔。

★客户对我们的产品和服务还不够了解,希望能得到更多的资料来加强决策的信心。

★客户在用激将法试探我们的产品和服务值不值得购买。

★客户想借此结束这次谈话。

在调整好心态之后,我们要静下心来分析客户提反对意见的真实原因。客户有时候说"预算不够""要再考虑考虑""要跟合作伙伴商量一下",其实都是在委婉地拒绝。阿里人将此类反对意见称为假问题。归根结底,他们要么是对产品和服务信心不足,要么是觉得根据现有信息无法做决定。

我们要透过现象看本质,搞清楚客户真正的顾虑是"信心不足"还是"信息不足"。在此基础上,更加细致而耐心地提供更完整的信息,让客户充分了解我们的产品和服务对他们有何价值,加强他们做决定的信心。只要能判明那个真正的原因,我们就能有效应对客户的反对意见。至于其他无关紧要的问题,可以抓大放小,不必太当真。

阿里人在处理客户的反对意见时,还会注意三个问题:

第一,不要逞口舌之快跟客户争辩,要对客户的说法表示认同,再循循善诱,利用求同存异的办法找出彼此有一致性的观点,再巧妙地改变他们的认识。如果因辩论而激化对立情绪，就会失去原本可以争取的客户和订单。

第二，多说"同时"，少用"但是"。人们一听到"但是"二字，就会变得紧张，容易产生排斥情绪。所以，阿里人常用"同时我们要……"的转折方式。这样就不会让客户过于警惕，有利于双方的沟通。

第三，加强事前防范，养成整理客户常见反对意见并制定预案的好习惯。不要只在头脑中演练，要把每一个反对理由和应对方法都形成书面资料，经常与同伴一起进行模拟演练。这样才能有备无患，熟能生巧，从源头上减少问题。

实战心得

"客户永远是对的"这句话不能盲从。因为客户有时候不了解情况，做出的决定未必是对的。盲从客户的意见，只能讨好他们一时。等到后面出了问题时，客户会后悔、懊恼，埋怨我们事前没有阻拦他们。抱着真心为客户着想的心态，就应该诚恳地告诉他们可能会遇到什么问题。不能因为客户一时的不理解就放弃了正确的意见。只要能证明结果好，客户就会因为当初的决定感谢你。

把全方位赋能合作伙伴当作永恒的追求

阿里工作哲学

吴敏芝因轮岗调任阿里巴巴集团首席客户官,把阿里客服团队打造成了一支"柔军"。在她看来,服务不是流水线,服务团队离客户最近,需要懂客户,有情感,提供有体感、有温度的服务。阿里巴巴把商家客户视为合作伙伴,提供的服务越来越多样化。无论阿里怎么变,全方位赋能合作伙伴的观念都不会变。

阿里人把客户视为合作伙伴,是马云等人创立公司时就定下的基本方针。马云说过:"一个差的销售是左眼人民币、右眼美元,只想着把客户口袋里的5块钱变成自己口袋里的5块钱。而一个好的销售是千方百计把客户口袋里的5块钱先变成50块钱,那么客户自然而然非常愿意把你想要的5块钱给你。"

这个"帮客户把5块钱变成50块钱"的理念,既体现了阿里巴巴"让天下没有难做的生意"的企业使命,也是阿里人做客服时的重要指导思想。吴敏芝担任首席客户官时就提出,阿里巴巴服务线要着眼于体验生态链全局,全方位赋能合作伙伴。

通过全方位赋能合作伙伴,帮助客户更快更好地成长,阿里人也能顺势扩张自己的客服体验生态链,在整个电子商务市场形成更强的竞争优势。单靠一两个客服人员是无法完成这个宏伟目标的,需要不断吸收新兴技术,引入更多力量,全面升级服务体系。阿里巴巴的思路是用机器人把客服人员从简单重复的服务工作中解放出来,让他们去做更高层次的人性化服务。

2015年7月24日,阿里为商家研发的智能客服"阿里小蜜"上线。2017年的"双11"期间,"阿里小蜜"已在超20万商家店铺"上岗"。

据吴敏芝介绍,原来商家服务团队约有70%人力在售前,有了"阿里小蜜",大量售前咨询改由机器人完成,商家售前客服占比降至30%~40%——人力从重复的工作中被解放出来,得以投入售后等更需要情感和创造性的工作中,这是人和机器智能的最佳协作。

按照她的构想,阿里巴巴服务线的发展要立足于阿里体验生态链的全局,把全方位赋能合作伙伴作为永恒的追求。她用"三个圈"来概括这种促进合作伙伴共同发展的服务体系。

第一个圈是基础保障服务。阿里服务线要让商家明白自己在哪些环节做得还不够。

第二个圈是主动和增值服务。也就是针对新老商家需求的差异推出"差异化服务"。

第三个圈是赋能商家。阿里服务线准备搭建一个客服中台,用可复制的完备的服务体系来帮助每一个合作的商家客户。

总之,单纯依赖员工个人工作技巧做服务的时代已经结束了。未来的客户服务工作正在朝着智能化、人性化、精准化和体系化的方向发展。到那时,客服人员的工作内容和工作方式都会发生较大的变化,对工作技能的要求也随之改变。未来的阿里客服工作法将进入一个全新的境界。

> **实战心得**
>
> 未来的阿里巴巴服务线不再是孤立的客户服务,而是在阿里体验生态链全局之下的增值服务。管理者在升级服务系统的时候,应该围绕着体验生态链的大局来加强建设。一线员工则应该积极学习如何运用新兴的智能技术和客服平台来提高自己的服务质量。如果每个直接与客户对接的服务者不能与全新的客服体系兼容,就很难满足客户日益增长的需求,无法兑现全方位赋能客户的承诺。

第七章

沟通协同:
成为合作伙伴的最佳搭档

如今的工作越来越复杂了,人们很难再凭单打独斗获得成功。我们不需要什么都懂,只要善于借助合作伙伴的力量,就能发挥出强大的合力,取得比各自单干更好的效果。遗憾的是,不少人输在了沟通协同环节,谁也不愿意帮他们成事。你的宏伟计划卡在某个不起眼的环节,迟迟无法前进一步。阿里人在沟通协同方面摸索出了许多行之有效的办法。这些办法以团队合作精神为根基,以开放、平等、真诚、务实的心态为羽翼,能让我们与合作伙伴产生更牢固的信任关系。

弄清自己该做什么,协同才有价值

阿里工作哲学

逍遥子张勇曾经对员工们说:"团队合作重在协同,但是协同是第二位的,第一位是自己先搞清楚自己该干啥,把自己的意义看清楚才有协同价值。所以,要锻炼出自身的核心竞争力,再看组织有什么可以为我所用,继而互为所用。"找准自我定位第一,协同第二,这就是阿里巴巴的团队合作智慧。

一个团队中的人多种多样。你能发挥多大的作用,不仅跟个人能力有关,还取决于你在团队中扮演的是什么样的角色。许多人一直没有搞清楚自己在团队中究竟该做什么,只是凭着意气和感觉去行事,结果处处碰壁,跟其他团队成员无法愉快地合作。到头来,谁也无法完成任务,只剩下互相扯皮。这就是自我定位不当的恶果。

老子说:"知人者智,知己者明。"能够准确地找到自我定位的就是聪明人。可惜这一点不容易做到。有些人能力很强,但缺乏自知之明,既不团结同事,又不喜欢别人超过自己。这样的人留在团队中,其他人就很难发挥正常水平了。

马云最欣赏《西游记》里的西天取经团队，唐僧师徒四人各有优缺点，但放在一起就能互补成理想的团队。唐僧师徒一路上其实也没少磕磕绊绊，但他们历经磨难后认清了自己该做什么，跟其他团队成员也有协同的默契，最终成就不朽的功业。马云希望阿里的团队也能这样，并为此花了很大力气来改善公司的团队合作氛围。

工作实例

蚂蚁金服的员工在阿里18周年年会上表演过一个小品。小品说的是一名新员工和一名老员工被安排到一起执行某个任务。俩人起初互相看不顺眼。老员工觉得自己在公司打拼多年，好不容易才升到了现在的级别，新员工凭什么一来就有那么高的级别。新员工则认为自己是经过层层选拔才脱颖而出的精英，凭什么好职位都被老员工霸占着。

结果俩人各自为战，在执行任务的过程中双双落败。双方痛定思痛，认识到了自己的不足，决心摒弃前嫌，并肩作战。最终，新员工带来了创新思维，老员工以精湛的操作技术实现了这个构想，俩人密切配合，圆满地完成了任务。

解析：这个小品故事取材于阿里人的工作实践。新老员工之间的摩擦在很多公司都有，阿里巴巴也不例外。马云还曾经专门训话："在我看来，应该没有新人和老人的区别，只有对和不对的区别，只有你有没有准备好的区别。"

所谓准备好，就是弄清自己该干什么，该在团队中扮演什么样的角色。在正确的自我定位下发力，贡献自己的长处，借助他人的长处来弥补自己的短处,让协同合作真正产生价值。阿里的团队合作精神内核是"共享共担,平凡心做非凡事"。我们应该怀着一颗平凡心,不自高自大,善于跟不同类型的同伴进行合作。唯有如此,才能借助众人的合力做成非凡之事。

实战心得

我们在协同过程中受到的制约,肯定要比自己单干时更多。有些人会因此觉得受到压抑,不太愿意配合队友。其实他们应该换个角度来看问题。在团队中,那些你不擅长做的事,有更擅长的人替你解决。那些你擅长做却无暇分神的事,有队友代替你去处理。你只要做自己最擅长且其他人需要你做的事就行。如果只是一味抱着要证明自己比其他人能干的想法去做事,是不可能做好团队合作的。

帮你赢得同伴信任的四句口诀

> **阿里工作哲学**
>
> 能否赢得团队成员的信任,关系到你在团队中的发展前景。这恰恰是团队合作的一大难题。阿里"政委"之间流传着赢得信任的四句口诀——"互相欣赏,偶尔争抢,坚持立场,不时家访。"这十六字方针是阿里"政委"们经过多年实践总结出来的实用工作技巧,后来推广到了整个阿里集团。

"诚信"是阿里"六脉神剑"中不可或缺的重要组成部分。光是你自己真诚坦荡还不够,关键是让别人信任你。我们跟团队中的其他同伴,既是合作者也是竞争者,再加上性格、思想和习惯的差异,不太可能一下子就建立信任关系。但只要坚持按以下四点来做,精诚所至,金石为开。

1. 互相欣赏

马云常说领导者应该学会用欣赏的眼光看人。其实就算是普通员工,也应该学会用欣赏的眼光去看待自己的同伴。肯定同伴的工作能力和擅长领域,认可他们为公司做出的贡献,欣赏他们身上的闪光点。

如果你只看对方的缺点,以傲慢的态度去看人,肯定会激起对方的反感。你的同伴不欠你什么,帮助你是情分,不帮你是本分。倘若你老想着把他压下去,只能形成斗争关系,而不会建立信任关系。

2. 偶尔争抢

我们当然希望跟其他同伴保持和睦的关系,每天有说有笑地亲密合作,一起解决问题,一起开庆功宴。但是,大家在工作中总会产生分歧和争论,不可能完全没有摩擦。当双方意见不合的时候,就是偶尔争抢之时,处理不当就会让关系变得僵化。这时候,我们就应该遵从阿里"六脉神剑"中的诚信原则,做到以下几点:

★坚持原则,不随意承诺或妥协。
★不传播未经证实的消息,不背后不负责任地议论事和人。
★勇于承认错误,敢于承担责任。
★言行一致,不受利益或压力的影响。
★胸怀坦荡,对事不对人。
★诚实正直,言出必践。

尽管大家偶尔争抢,但出发点都是把工作做好,而不是把对方斗倒。只要彼此都怀着一颗真诚坦荡的心去处理争议,即使气氛一时比较僵,最后也能重归于好。偶尔争一争,感情更加深。

3. 坚持立场

阿里"政委"的角色特殊,跟业务经理既是合作的搭档,又有独立性，在原则性问题上要坚持立场不让步。这一点也适用于其他岗位的工作人员。无论你与同伴们的关系如何融洽，在立场和原则上也不能含糊。特别是当你处于团队中的关键职位时，一定要守好立场，不要给同伴犯错的机会。这样才是在帮助他们。

有些人怕自己坚持立场会得罪同伴，所以总是会向伙伴妥协退让。殊不知，这种一味取悦他人的做法，恰恰得不到他人的尊重。反倒是能坚持立场不动摇的人才会得到众人敬佩。当然，坚持立场归坚持立场，同时还要注意在不涉及大是大非的问题上求同存异，包容同伴的不同之处。

4. 不时家访

在经过一段时间接触后，我们就可以跟同伴交流工作之外的事情。比如家人、爱好和梦想之类的话题。这不仅是为了增进友谊，更是为了全方位地了解同伴的情况，及时掌握他们当前的状态，特别是他们在工作和生活上遇到的困难。他们也许希望有人帮助却又难以启齿，这就需要你去主动发现、询问和倾听，尽朋友之义。当你能做到这一点时，你的同伴会真正敞开心扉，对你信任。

实战心得

从某种意义上说，赢得团队同伴的信任比赢得客户的信任还重要。因为在工作中与你相处时间最长的是同伴，跟你的工作相互衔接的是同伴，在客户不认可你时能给你提供支援的还是团队中的同伴。阿里人眼中的团队同伴关系，既有合作又有竞争。但竞争的不是名利，而是实力和荣誉。通过竞争来促进彼此共同成长，通过合作来完成共同的目标，一起获得成功。这就是阿里人倡导的团队精神。

"搭场子"：搭建无所不连的沟通渠道

阿里工作哲学

"搭场子"是为了给各方搭建一个畅通无阻、无所不连的沟通渠道。阿里人在"搭场子"的时候，奉行的是"鲜花与拳头都要给"的沟通哲学。鲜花用来褒奖合作伙伴表现好的地方，表达你对他们的欣赏；拳头用来点出合作伙伴的不足之处，表达你对他们的鞭策。鲜花与拳头双管齐下才是"搭场子"的正确方法。

沟通渠道是否畅通，在很大程度上决定了团队的工作效率。充分的沟通可以把人们之间的误会减到最少，从而正确领会对方的意图，获得符合期望的成果。但由于种种原因，人们的沟通并不充分，经常因为沟通不畅而出现问题。针对这种情况，阿里巴巴推出了"搭场子"工作法。

"搭场子"工作法是阿里"政委"常用的一种沟通术。在员工之间、员工和主管之间、员工和经理之间、经理和主管之间、经理和经理之间、主管和主管之间，都可能存在沟通阻碍。这就需要我们通过"搭场子"来创造条件，促进所有人之间的深入对话。

在团队之间搭横向的场子时，我们要把本部门在某个项目上到底要创造什么样的价值，以及目标是什么，执行路径是什么，需要什么样的支持都讲清楚。如果是在领导和员工之间搭纵向的场子，那么重点就是给那些缺乏发声渠道的人提供发声的条件。

注意！"搭场子"不是简单地把人们叫过来一起聊天，它是一种充满仪式感的正式交流。研究表明，仪式感是一种强烈的自我暗示，通过外在的礼仪来把人从普通状态带入"神圣状态"。在"神圣状态"下，人们的感性会超过理性，自我感和等级感也会削弱，变得更加坦诚。

阿里人据此开创了一个传统项目，叫"裸心会"。戴珊解释道："'裸心会'是什么？就是把自己的内心放开，把你心里最真实的东西拿出来与团队其他成员互动。我设计这个项目的初衷就是让CEO去直面下属对他的负面情绪。"在用"裸心会""搭场子"时，我们应该注意几个操作要点。

首先，弄清本次"搭场子"的目标。

"搭场子"的第一步就是明确目标。具体而言，我们希望让出现沟通不畅的人或团队之间化解误会、求同存异，在能达成共识的地方达成共识。这就是"搭场子"的目标。如果本来沟通就十分顺畅，就没有必要去另外"搭场子"。

其次，会前跟相关人员逐个沟通。

通过这一轮事前沟通，我们可以弄清各方的想法和顾虑。在"搭场子"组织"裸心会"的时候，就会心中有数，知道如何去抓沟通重点，预判可能达成什么样的共识。

最后，在"裸心会"上让相关人员表明心声。

"裸心会"就是希望员工坦诚，把自己的本心表达出来。只有抱着开放的态度，才能在"裸心会"中实现充分的互动和交流，才能让大家相互包容和接纳彼此，建立起信任关系。组织"裸心会"的人应该积极推动众人交流，避免出现冷场等尴尬的局面，把大家心中的想法都引导出来。

实战心得

在阿里巴巴早期的核心价值观"独孤九剑"中有一条是"开放"。"开放"主要涉及的是沟通问题，最基本的要求是能进行必要的工作交流。在此基础上，每个人都要学会通过正确的渠道和流程，准确表达自己的观点，表达批评意见的同时能提出相应建议。在沟通中能认真倾听别人的观点，即使是不同观点，也能抱着"有则改之，无则加勉"的态度虚心听取。在能积极吸取别人的好观点的同时，也能够积极与同事分享正确而且正面的观点。

人人都要掌握三个方向的沟通

阿里工作哲学

我们在工作中会面对各种各样的人。这势必要求大家在沟通的时候充分考虑交流对象的特点和需要。阿里巴巴有句"土话":"主管要学会三个方向的沟通——向上沟通,要有胆量;平行沟通,要有肺腑;向下沟通,要有心肝。"每个人都应该掌握这三个方向的沟通技巧。

也许初出茅庐的你还没有下级,但肯定有上级和平级同事。当你升职加薪后,沟通方向也由两个自动增加到三个。有些人以为只有向上沟通才是重要的,其他两个方向的沟通不重要。在他们看来,领导的意志压倒一切,下级和平级同事的意志无关轻重。这是傲慢而愚蠢的错误观点。

任何人的工作都离不开上级领导、平级同事和下级同事三方面的共同支持。上级支持自不消说,平级的同事往往在流程中处于重要环节,他们要是反对你,你的工作就会寸步难行。下级虽然听命于你,但如果你的沟通方式简单粗暴、不讲道理，他们就算不明着对抗，也会暗中给你使绊子。为此，阿里人在进行这三类沟通时会采取不同的应对策略。

1. 向上沟通有胆量

一般员工或多或少都有点儿怕领导，不敢向领导表露自己的真实看法，怕激怒对方，自己会吃不了兜着走。这种顾虑是可以理解的，但也不能因此完全放弃了向上沟通。毕竟，你手头的工作是上级领导安排的，你等于是在执行他们的意图。假如你不明确他们的真实想法，不汇报你在执行过程中遇到的问题，上级就会误以为真的没问题。沟通不畅造成的误解，最终往往会酿成大问题。

因此，阿里人强调向上沟通要有胆量，不要害怕说实话。当然，向上级领导坦率进言时也要讲究方式方法。语气要谦和、持重、得体，不可以颐指气使。同时还要逻辑严谨、条理清晰、简明扼要，并且不遗漏重要细节。这样才能更好地了解上级的意图，更好地把下面的情况反映给上级。

2. 平行沟通有肺腑

平行沟通是跟与自己平级的人沟通。对方可能是同部门的同事，也可能是其他部门的同事，还可能是外部的合作者或者客户。跟平级的人沟通，本该是最自然的，但许多人实际上做得不太好。

有的人对平级态度过于傲慢或者过于卑微，而没有以平等的态度对待对方。除此之外，平行沟通最忌讳的就是不真诚，说话不是发自肺腑，而是充满算计。阿里人提倡平行沟通要发自肺腑，说的就是要坦率真诚。语气可以委婉，但不能搞太多弯弯绕绕，否则就难以取得对方的信任。

3. 向下沟通有心肝

向下沟通也是许多人做不好的地方。你在下级面前处于优势地位，自信心和自尊心比向上沟通和平行沟通时更强烈。这很容易让人自我膨胀，不注意照顾他人的感受。

向下沟通有心肝，说的就是要体恤下级，照顾他们的情绪。不要把他们当成出气筒，也不要在沟通中讥讽挖苦他们。该表扬就表扬，该鼓励就鼓励，该指正就指正。绝不能视下级为可以肆意驱使的工具和你成功路上的垫脚石。否则，当你的下级跟你离心离德时，你离失败就不远了。

实战心得

三个方向的沟通各有诀窍，我们千万不要搞混了。只有能够根据交谈对象的身份来选择合适的措辞，才能成为真正的沟通高手。但无论怎样，阿里人都提倡简单而坦率的沟通。说话方式可以灵活多样，不要套用什么对话模板，否则，就显得有失真诚。真诚可信才是沟通最重要的行为准则。让对方感受到你的诚心，这比说话技巧更重要。

有事摆在桌面上,不得找第三方抱怨

阿里工作哲学

谁人背后无人说,谁人背后不说人?背后议论他人是职场中的普遍现象。这种做法无疑会给团队中的人际关系造成许多摩擦与裂痕,严重的时候甚至会让整个团队散架。为了解决这个问题,马云提倡畅所欲言的沟通原则,让大家有话当面说,不要当面不表达却背后议论人。这个沟通原则对阿里巴巴的团队建设产生了深远的影响。

阿里"政委"团队中流传着一句话:"如果你对我不满意,就来找我,可以骂,可以批。但如果你不对我说,而是在背后说,那么请你离开。"

把事情摆在桌面上解决,是阿里人的传统。这个沟通方法不容易做到,因为许多人怕得罪人,不愿在当事人面前抱怨。可是,正是由于双方没有进行面对面的沟通,各种各样的莫名其妙的误会才更容易在不知不觉中积累。当误会积重难返时,爆发出来的冲突更加不可收拾。对于这一点,马云等老阿里人深有体会,并且有过教训。

工作实例

阿里创始团队从"游击队"转变为"正规军"后，出现了不少问题。随着公司规模不断扩大，"十八罗汉"见面机会少了，误解和矛盾越积越多。有一天，其他创始人给马云发了一封联名长信，表达自己对现状和某些同事的做事方法的不满，并扬言要退出阿里巴巴。

次日傍晚，马云紧急召集"十八罗汉"开会。谁也没料到，他突然把房门一关，要求大家开个彻底的批判会，把所有的怨恨都当面骂出来，不说完不准走。马云说："我希望今天要畅所欲言，你有想法就说出来，只有把观点抛出来，才能形成正确的意见。"

这个批判会从晚上9点多一直开到第二天凌晨5点多，最终结果是大家畅所欲言，冰释前嫌。从此以后，阿里始终提倡要面对面解决问题，并将这种观念归纳为"独孤九剑"文化中的"简易"。

解析：尽管大家在共同的愿景目标和战略规划下工作，也认可同样的企业文化，但在性格、观念、作风、能力、想法等方面存在很大的差异。在合作过程中肯定会产生许多摩擦。这些都要通过沟通和磨合来解决。

马云说过："我们是一个团队，大家要互相开放、互相沟通，能在同一家公司里工作是很大的缘分。每个人的性格不一样，你可以不喜欢一个人，可以不和他成为很好的朋友，但你们可以成为很好的同事。"

有事摆在桌面上是直截了当的解决问题的手段。但很多人在面对面时往往有顾忌，不太敢说真话。阿里"政委"有个特权是定期组织员工会议，听取大家的意见。这种员工会议的特点是业务经理不参加。因为员工在直属上级面前往往不能放开说话。阿里"政委"通过会议来给大家一个各抒己见和尽情吐槽的机会，把收集到的信息整理好后再反馈给业务经理。这种做法缓和了直接对峙造成的紧张感，是一个很实用的沟通技巧，很有借鉴价值。

实战心得

如果用四个字来概括阿里人眼中的理想沟通方式，那就是"直言有讳"。直言就是讲真话，讲大实话，不要拐弯抹角。一绕弯子，对方就得猜你的意思。沟通多一道程序就会多一分麻烦。直言不讳也不妥，容易让听者产生负面情绪，从而激化矛盾。直言有讳就是说实话的同时还要考虑听者的感受。当然，也不必花过多的心思去琢磨怎样把实话说得好听，否则又会变得因为有讳而不敢言。

第八章

创新试错：
"拥抱变化"是阿里人的一种境界

> 持续不断的创新是互联网时代的一大特征。无论是传统行业，还是互联网行业，都无时无刻不面临着新生事物的冲击，遭遇升级转型的阵痛。但反过来说，层出不穷的新生事物也为我们提供了更多的发展机遇，能帮助我们做到以前想做而没有条件实现的事情。阿里人以"拥抱变化"的精神主动寻求改变，努力把握未来发展的趋势。但创新本身充满风险，免不了会出现错误。创新力度越大，出错的风险越高。这使得许多人不敢创新，一直墨守成规。阿里人是如何看待这个矛盾的呢？

除了梦想之外,唯一不变的就是变化

阿里工作哲学

"拥抱变化"是阿里巴巴的核心价值观之一。不是被动适应变化,而是积极拥抱变化。大多数企业是在问题不得不解决的时候才进行改革。阿里巴巴却经常在发展顺利时主动改变。因为马云说:"要在阳光灿烂的日子里修路,风调雨顺的时候做准备,太阳升起时买雨伞。"

在阿里巴巴"六脉神剑"中,"拥抱变化"排在第三位,仅次于"客户第一"与"团队合作"。从某种意义上说,这是阿里巴巴特色最浓厚的一条价值观。其他企业最多只提"适应变化",而不会像阿里人那样"拥抱变化",主动"折腾"自己。

唯一不变的就是变化本身以及企业使命,这在阿里是一个常识。并非每个人都喜欢拥抱变化。阿里的每一次改革都会经过激烈的讨论,然后才做出令外界瞠目结舌的决定。拥抱变化是很难的,在形势大好的时候主动改变,更是难上加难。

马云认为，不好的时候再去变化，变也变不好。当危机出现时，人们才开始寻找救星，这个时候变不好了。只有在好的时候去主动变化，才能把风险和动荡降到最低，即使改革一时没出效果，也不至于直接垮了。

工作实例

阿里巴巴在推出淘宝后，围绕着这个网购平台做了许多创新。比如，推出支付宝解决网上交易的信用问题。随着支付宝及其他配套工程的逐步完善，淘宝也在2011年发展到一个新的阶段，变成了一个庞然大物。

阿里高层意识到，淘宝已经无法保持小而美的组织形态了，必须及时进行调整。管理层围绕淘宝的组织结构讨论出了多种方案，但没达成共识。其中马云力主的拆分淘宝方案，更是引起了很大的争议。

马云一向认为应该把大公司当成小公司来做，避免集团旗下的业务线变得臃肿低效。他曾经把B2B业务拆分成ICBU（国际事业部）和CCBU（国内事业部）两个独立运营的团队。这次他又想把现在的淘宝拆分为三个独立的子公司。

有些管理者害怕淘宝被拆分后会失去现有的凝聚力，变成三家公司各自为战的局面。但马云认为这三家公司骨肉相连，一定能继续协同配合。于是淘宝公司被分拆为继承C2C业务的"淘宝网"、平台型B2C电子商务服务商"淘宝商城"与一站式购物搜索引擎"一淘网"。经过这次组织革新后，淘宝系公司发展更加迅速，没有阻碍阿里人的"大淘宝"战略。

解析： 把淘宝一分为三，是阿里人的一次拥抱变化的实践。改革过程中充满了阵痛，但最终阿里人还是挺过来了，继续全身心地投入新的事业中。假如没有"拥抱变化"的价值观做指导，是很难做到这一点的。

马云认为，拥抱变化是创新的体现，也是有危机感的体现。如果一个人不去主动拥抱变化、创造变化，就会被变化倒逼着改变。不愿拥抱变化的人缺乏危机感，也不可能有真正的创新精神。

我们应该像阿里人那样经常思考一下自己是不是有些耽于安逸了，是不是不愿意放弃当前得到的好处去做出某些改变。说到底，能走在时代前沿的弄潮儿，必定是那些把创新当成灵魂的人，而不是不愿改变现状的人。

实战心得

从阿里巴巴离职的人，很多都会抱怨马云说的"拥抱变化"。的确，与其他企业相比，阿里喜欢"折腾"自己。但很多变化也并非毫无意义。阿里的发展速度太快，原先许多子业务迅猛发展成一个庞然大物。想要保持小而美的组织形态，就不得重新拆分原有框架，主动改变。这固然会在短期内给员工们带来很多压力和困难，但市场形势日新月异，早做改革才能有更好的发展。

最大的错误就是停在原地不动

阿里工作哲学

世人认为成功者胜在比失败者犯错更少。按照这个逻辑,犯错越少的人越能做成大事。为了减少错误,有的人干脆就少做事。殊不知,多做事的人虽然更容易犯错,但是也更容易创造成果。阿里人常说一句话:"最大的错误就是停在原地不动,最大的错误就是不犯错误。关键在于我们要去总结反思各种各样的错误,为明天跑得更快,错误还得犯,关键是不要犯同样的错误。"停在原地不动的消极做法,恰恰是他们眼中最大的错误。

阿里人戏称,没有换过五个老板的人不算在阿里巴巴工作过。论工作岗位变化之频繁,阿里排第二,别人不敢排第一。在阿里待的时间越长,员工接触的各种岗位就越多,也就会被磨炼成多面手。一切的一切都源于马云最喜欢说的四个字——"拥抱变化"。

马云认为,"拥抱变化"是一种创新的境界。通过不断地创造变化,可以躲开想象中的灾难,抓住想象中的机会。换言之,拥抱变化不是为变而变,每个变化都立足于对发展趋势和未来灾难的预测。按照阿里人的理解,拥抱变化分为五重境界。

境界	要求
第一重境界	适应公司的日常变化,不怨天尤人。
第二重境界	理性看待变化,充分沟通,竭诚配合。
第三重境界	面对因变化产生的困难和挫折,能积极调整心态,并给同事带来正面影响。
第四重境界	在工作中具备前瞻意识,积极探索新思路,实践新方法。
第五重境界	主动创造变化,为个人和团队的绩效带来突破性的跃升。

工作实例

花名"木华黎"的樊路远于2007年加入阿里巴巴,当时他的名字还是樊治铭。他进公司后在多个不同部门任职,工作内容也多次变化。

樊路远在2010年上半年调回业务部门,率领团队研发出支付宝快捷支付功能,为阿里巴巴占领移动互联网支付制高点立下汗马功劳。2012年,他启动了余额宝项目,并在接下来的两年中先后做出了支付宝App和淘票票。

2017年8月,樊路远担任阿里影业CEO。现任阿里大文娱事业群总裁,负责优酷、阿里影业、大麦、互动娱乐。樊路远多年来轮换过多个岗位,一直在变化,为公司创造了许多佳绩。他也因此成为最早的27位阿里巴巴合伙人之一。

解析:阿里的高层领导干部几乎个个都像樊路远一样多次调动岗位,每次轮岗都会调到与此前业务截然不同的岗位上。不仅高层如此,阿里的一线员工也极少长时间停留在原地不动。比如《阿里巴巴与四十大道》的作者赵先超，入职阿里的第一年就调过三次团队，搬过五个工位，换过三个办公室，业务方向也多次变化。

由此可见，阿里人从上到下几乎没有停在原地不动的人，总是隔一段时间就会被调到其他岗位上做新的工作。此举让不少人感到不适应，有些员工还因此而离职。但马云表示："'拥抱变化'的学问非常深，因为它是创新的体现，也是有危机感的体现。一个不愿意去创造变化和拥抱变化甚至是变化自己的人，我不相信他有创新。变化是最有可能体现创新的。但是遗憾的是，在操作过程中，很多人把它理解成为变化而变化。"

迄今为止，阿里依然坚持着轮岗制度，不断把员工调离原地，让每个人都动起来，不得不主动拥抱变化，不断革新自己。这种做法尽管造成了一定的离职率，也会让一些员工在新岗位上水土不服，但避免了阿里走向僵化，锻炼出了许多复合型人才。总体上利大于弊，故而每个阿里人都会跟新入职的同事大谈"拥抱变化"的经验。

实战心得

阿里巴巴的每次主动求变，都是在形势较好的时候进行的，并且无不是围绕一个长远布局进行的，至少是立足于未来十年的新变化。也许刚开始做的时候很难看，负责创新的人在绩效考核中很容易跌至不及格线，外界舆论也表示看不懂。但再过几年后，很可能会结出让别人意想不到的果实。正如马云所说："变革是痛苦的，但不变革，我们未来会连痛苦的机会都没有。"

创新必须是放松的,允许团队犯错误

阿里工作哲学

阿里有句"土话":"创新的实质是理想,总是盘算着心里的小九九是不会有真正的创新的。"人人都会大谈创新精神,但真到做事时往往十分保守,这也不敢做,那也不敢做。因为他们害怕承担创新失败的风险,害怕被追究出错的责任。宁可步子迈小一点,也不愿背上"罪人"的恶名。口头上支持创新容易,但行动上宽容失败难。没有允许试错的胸怀,就不可能有真正的大胆创新。

一个人不可能永远不犯错,一个企业也不可能不犯错。那些成立百年的知名企业,个个都犯过不少错误。每到市场风向转变、业务必须转型时,有的企业因为创新的方向不对而衰弱了;而另一些企业因为害怕创新失败而故步自封,结果被新时代的浪潮吞没。

只有找对革新方向的幸运儿才能继续在市场中屹立不倒。问题是,在胜负未明之时,谁能确定自己创的路子一定是对的呢?敢不敢去试错,每个人都有自己的考虑和抉择。对于阿里人来说,既然要拥抱变化，那么拥抱变化时出现错误和失败也是理所当然的。

阿里人崇尚成功，却也宽容失败，允许在创新的路上犯错。马云曾经表示："第一，我允许自己犯错误；第二，我允许团队犯更多错误，超过我。人只有放松了，才能做得更好。"在他看来，创新就是"认真地玩"，压力太大是不可能创新的。如果不允许团队犯错，员工和团队都不可能成长。

马云敢这么想是因为他有自信，相信阿里团队和阿里人即使犯了错误也不会倒。只要不是蠢到故意犯错，就应当宽容付出过努力的失败者。在阿里巴巴，败军之将当然没有奖赏，但会得到鼓励和奋发雪耻的机会。

工作实例

在BAT三大互联网公司（百度、阿里巴巴、腾讯）中，阿里对失败者最宽容。

2013年，面对微信的强势崛起，阿里巴巴集团想开发自己的社交工具来竞争，于是让花名"无招"的陈航做项目负责人，牵头开发移动即时通信项目——"来往"。阿里计划以十亿发展资金来支持"来往"。马云亲自四处推广，还强制要求内部员工使用"来往"，并全力发展新的外部用户，结果还是一败涂地。

陈航因此背上了"阿里最著名失败者"和"臭名昭著的loser（失败者）"等骂名，阿里内部员工对他意见也很大。他不甘心失败，总结了教训之后又向集团提出要做企业即时通信工具"钉钉"。虽然许多人都不看好，但马云顶着压力选择支持，并且让他的团队进驻阿里创业"圣地"——湖畔花园那套房子。

陈航团队住进了湖畔花园,把"向死而生"这句标语贴在了办公室的墙上。有人说他是"疯子",但是他不仅接受了这个外号,还把湖畔花园"圣地"戏称为"疯人院",并在招聘文案上写道"欢迎加入疯人院"。钉钉团队每人都有一件印着"BE CRAZY(保持疯狂)"的文化衫。

凭借"向死而生"的艰苦奋斗,陈航团队终于打了个翻身仗。钉钉已成为阿里集团为中国企业打造的免费沟通和协同的多端平台。陈航领衔的阿里钉钉也进入阿里云智能事业群。"阿里最著名失败者"的故事也成为一段美谈。

解析:阿里有句"土话":"与其怕失败,不如狠狠地失败一次。"陈航在创新失败后痛定思痛,意识到了自己犯了哪些错误。他尽管背负着周围人的质疑和巨大的压力,但还是没有放弃对成功的渴望。

马云敢于力挺败将,愿意让陈航再尝试一次,也是阿里允许试错观念的最佳诠释。假如马云放弃了,阿里钉钉就不会横空出世,公司在社交工具领域依然不会有很大的进步。

高层在试错失败后继续支持团队创新,会产生示范效应。不允许犯错的团队迟早会变得越来越四平八稳,唯恐因为创新失败而被打入冷宫。造成这种局面的不是别人,而正是一直高喊创新口号的决策者。当你为团队缺乏创新精神而生气时,也许要从自己身上找找原因。

实战心得

允许犯错也是有边界的,故意犯错的愚蠢行为当然是不被允许的。阿里巴巴容忍的犯错主要是在创新领域。因为自己没做过,甚至别人也没做过,谁也不知道哪条路是正确的,除了不断试错也没有更好的办法。至于那些违反六大核心价值观的错误,公司从来不姑息,有时候也不会给犯错的人戴罪立功的机会。因为这些错误并非必要的创新成本,只会败坏企业的品牌形象。虽然创新必须是放松的,但是底线必须严守。

有功无过是短暂的,有功有过是最好的

阿里工作哲学

抱着不求有功但求无过的心态做事,是不可能创新的。阿里人常说:"有功无过是短暂的,无功有过是行不通的,有功有过是最好的。"无功有过意味着无能,自然要被淘汰。是个人就有缺点,就会犯错,所以有功无过只是暂时的,迟早会变成有功有过。问题不在于是否有过,而在于能否做到功大于过。

在阿里巴巴的KPI考核中,得3分要被淘汰,得3.25分属于不合格(可能被淘汰),得3.5分属于合格,得3.75分属于优秀,得4分属于超出期望。以一个财年为周期,原则上是30%的人晋升,60%的人原样不动,10%的人要被淘汰(其中包括连续两次得3.25分的人)。但在实际操作中,阿里的KPI考核又有一定的弹性,不会"一刀切"。

阿里巴巴集团原首席人才官(CPO)的蒋芳是"创业十八罗汉"之一。她曾经指出,得3.25分不一定意味着淘汰,得3.5分也不代表一定不会被淘汰。还得结合当事人实际的工作情况,具体问题具体分析。

比如，组织把创新试错的重任交给某个人，他本身能力很强，但面对的是极其困难的条件，出现错误或者迟迟得不到成果都是很正常的事情。这样的结果无疑会让他在KPI考核中被评为3.25分，但组织还是会给机会支持他继续战斗。因为没有持续的试错，就不可能创新成功。

又如，有的人拿到了3.5分，但只是因为犯错少，并没有太多的功劳，总是一副"无过即是功"的态度。组织往往会把这种人淘汰，而把机会留给更有上进心和激情的人。

有趣的是，不少因为得到3.75分而晋升的人，很快就会遭遇3.25分。因为身份和业务的变化会给晋升者带来全新的挑战。若是不积极学习，很容易就会从优秀变成不合格。故而阿里人相互调侃道，没有被打过3.25分的人生是不完整的。

工作实例

2011年，阿里巴巴爆发了"诚信门事件"。时任沪鲁皖大区总经理的孙利军因连带责任而被降级为大区副总经理。经过一系列波折，他在2014年7月调任浙江大区总经理，并在同年9月兼任浙江大区的阿里乡村事业部（"村淘"）的负责人。

孙利军在阿里中供销售团队时身经百战，立功无数，带出了著名的大圣战队，以"具有很强的感染力和阿里人那种使命必达的精神"闻名于全公司。但他上任后发现，"村淘"业务跟自己以前做过的任何项目都不同，非常难做。他给马云提交过几个运作方案，都遭到了批评。他的考核成绩也从3.75分降到3.25分。

经过反复研究，孙利军改变了思路，不再像过去那样用人力拼事业,而是用系统的力量和标准化的方法来开拓业务。"村淘"把阿里的业务下沉到农村,形成了一站式服务的"村淘"服务中心。在此基础上,"村淘"在农村建成了生态服务中心、创业中心和文化供应中心三个中心,力求从根本上改变乡村经济的面貌。

凭借着不懈的努力,孙利军做通了"村淘"业务,让阿里集团农村战略落地。据2019财年第四季度财报显示,淘宝天猫新增超1亿用户,为品牌和商家带来超过9 000亿元增量生意,这些新增的消费者中有77%来自低线城市、县域和农村共同构成的"下沉市场"。孙利军后来成为阿里巴巴集团副总裁、农村淘宝事业部总经理,并入围阿里合伙人名单。

解析:马云说:"不需要不能服务于人的项目。"在他的言传身教下,阿里人学会了从别人抱怨的地方寻找机会,通过解决社会问题来寻找机会。阿里巴巴在近几年大力发展乡村电商,协助各贫困县政府做精准扶贫。

这些做法在短期内不会带来很多盈利,但都与阿里巴巴的企业使命相一致。所以阿里人将其视为长期事业来做,不会因为短期利益而放弃目标。孙利军被安排去开辟阿里农村电商根据地,其实是阿里内部"老人做新业务"的传统。这就是他不怕3.25分,敢于白手起家的底气。

阿里巴巴实行"新人做老业务"和"老人做新业务"的制度。让新人做老业务是为了帮助他们尽快熟悉业务、制度、流程以及阿里的文化价值观。让老人做新业务是为了避免他们对工作产生倦怠,通过换一个业务场景来激发其活力。这对老员工来说也是一种特殊的激励方式。

越是优秀的老员工,越会被派去做艰难的新业务,为团队披荆斩棘,为公司打开局面。在这个艰苦创业的过程中,肯定会犯错误。阿里人在工作上精益求精，但也明白有功无过只是暂时的，有功有过才是正常的。有过错不怕，只要改过来就好。关键在于坚持把事情做好。只有不怕犯错的人才能全力以赴地建功立业。所以，有功有过是最好的，对人才不必求全责备。

实战心得

马云说："我觉得实力是失败堆积起来的，一点一滴的失败是一个人的实力、企业实力的积聚。"球场上没有不败的球星，商场中也没有不败的企业明星。越是积极进取的人，建功立业的可能性越大，犯错的概率也越高。想要保持完美无缺的不败纪录是不可能的。阿里有句"土话"叫"错误的决定比没有决定要好"。有没有承担创新试错风险的勇气，将奋斗者和守成者区分开来。敢于做决定的人必然是既有功又有过的，不能因为他们有过就否定了功劳和担当。

围绕未来生态布局开展内部创业

> **阿里工作哲学**
>
> 阿里巴巴的创新思路跟许多创新型企业的有很大差异,更多是立足于改变人们未来的日常生活,而非刻意追求最先进的技术。为此,阿里人一直在努力从社会民生的各个方面铺设商业生态系统。由于阿里集团十分庞大,公司内部又力求保持小而美的组织形态,因此各业务团队的内部创业成为阿里人建设未来商业生态系统的主要手段。

马云很早就提出了构建互联网生态链的理念。他认为互联网是不可能只有几个超级大网站的,必须让无数的中小型网站、博客、论坛都活下来。为此,阿里巴巴必须建立互联网生态链,改变整个互联网经济环境。

他还曾经向全体阿里人强调:"我们希望各事业部不局限于自己本身的利益和KPI,而以整体生态系统中'各种群'的健康发展为重,能够对产业或其所在行业产生变革影响;希望真正使我们的生态系统更加市场化、平台化、数据化和物种多样化（'四化建设'），最终实现'同一个生态，千万家公司'的良好社会商业生态系统。"

"同一个生态，千万家公司"是阿里人对未来商业生态系统的期望。为了完成这个宏大的布局，阿里人纷纷开展内部创业，想方设法地围绕各自的业务构建生态布局。号称"阿里铁军"的中供团队也不例外，积极构建自己的"外贸生态圈"。

工作实例

在2015年之前，阿里的中供团队联合其他客户企业家成立了网商会，做一些外贸培训，扶持团队发展。但随着事业的发展，网商会逐渐有了自己的想法，一度自行发展，直到2015年才重新恢复了与中供团队的密切联系。中供反思了原先的合作方式，意识到谋求"控制"商业生态组织是不合适的，应该用更平等的方式来共建商业生态。

从这一年开始，中供把打造"外贸生态圈"作为自己的战略目标，朝着"中供生态3.0版本"的方向全力发展。刚开始的时候，中供广东大区会在每年5月10日的"阿里日"之前邀请离职员工来阿里生态圈创业，创办第三方服务公司。前面提到的中供拍档就是一种合作方式。

与此同时，中供启动了"百城千校"项目，为100座城市的1 000所高校的100万毕业生提供就业创业培训。此外，中供还建立了讲师体系，由客户讲师义务分享阿里"橙系列"活动，传播阿里的商业理念，推动"外贸生态圈"的发展。

在此基础上，中供提出了"一圈一环"的发展规划。"一圈"是"外贸生态圈"；"一环"是指业务上形成闭环，让所有流程都能在线上一个窗口完成或者通过一达通代为办理。这将进一步简化客户的外贸生意流程。

解析：在构建"一圈一环"的过程中，中供不仅积极发动内部员工创业，还把以前的员工也找回来一起构建"外贸生态圈"。内部和外部的多支团队、多股力量，都在同一个生态下进行创业。

在这个生态中，谁也不是统治者，彼此之间只是合作关系。因为"中供铁军"倡导"生态主义"，不要求每个成员的想法和行为规范都一样，给每个人都留下创业的空间。通过组织赋能来激活每个创业者的潜能，再借助无数创业者的力量来完善整个生态，这是一种更高层次、更有活力的创新机制。

如今的"中供生态3.0版本"已经与全国108个产业带进行深度合作，通过植入"产业+互联网"基因来带动各地的产业带升级。无论怎么创新，阿里人"让天下没有难做的生意"的初心从未改变。

> **实战心得** ↓
>
> 阿里巴巴一面不断把各项业务转化为新的子公司，一面构建商业生态系统。每个业务重组为子公司后，既得到了更多的自主创业权利，又不可避免地要独立承担创业失败的风险。阿里构建商业生态系统，想从根本上避免出现内部创业者恶性竞争的局面，争取让日益增加的内部创业者能在共同的生态下共同发展。这盘大棋下起来难度很大，本身也是一个了不起的体制创新。

第九章

危机处理：
用每天的工作消灭未来的灾难

在我们推动工作进展的过程中，必定会遇到许多困难和阻碍。若是处置不当，很可能会酿成危机，让个人遭遇失败，让公司遭受损失。因此，任何工作能力出众的业务能手，都有一套预防和处理危机的工作技巧。他们同样无法解决积重难返的弊端，但可以把这些弊端的苗头扼杀在萌芽状态。由于业务能手每天都在不动声色地用细致的工作消灭未来的灾难，所以给人一种稳健可靠的感觉。有人误以为他们做的事很简单，真正轮到自己做时就会发现其实有着重重挑战。想要成为这样的业务能手，以下方法不可不知。

隐藏定时炸弹的四种职场怪现象

阿里工作哲学

无论企业发展得多好,总会存在一些问题。若是麻痹大意,不能及时发现和解决问题,就可能酿成更大的危机,令我们昔日的荣光全部毁于一旦。阿里人流传着一句"土话":"看不出问题就是最大的问题。"每天三省吾身,主动寻找隐藏在工作中的定时炸弹,是避免危机的有效手段。但保持这种忧患意识并不是一件容易的事。

公司规模小的时候,沟通成本和管理成本较低,做战略调整时船小好调头。当业绩持续增长时,企业的规模会不断扩张。但公司越大,人越多,保持品牌形象越难,出问题的概率也越高。这是企业组织发展的必然规律,每个管理者都要面对。

无数创业公司还没成长起来就倒闭了;许多伟大的公司由盛转衰,急转直下。马云说过,他不喜欢看成功经验,喜欢看失败经验。因为成功经验往往是多种主客观因素共同作用的结果,难以被复制,但失败经验往往相同。彭蕾在主持蚂蚁金服工作时,严厉地指出了职场中的四种怪象。如果忽视这些隐藏的定时炸弹，我们的事业很可能毁于一旦。

怪象一：好大喜功捂盖子

有些人为一点小事就发很长的邮件，把七大姑八大姨都全部表扬一遍，你好我好大家好。表扬的内容事无巨细，但丝毫没有反省的内容，回避工作中已经暴露出的问题。在彭蕾看来，这是一种自我麻痹的"打鸡血"行为。

不是说大家做得好的时候不该表扬，但有功有过才是正常的。如果人人只说好话，不说丑话，公司决策层就只看得到歌功颂德，而对下面的问题毫不知情，迟早会做出脱离实际的决策。所以，彭蕾要求阿里人及时发现问题，指出问题，不要捂盖子。

怪象二：随波逐流不进步

古代有个南郭先生，虽然不会演奏乐器，但是在乐队里装模作样好多年都没有败露。彭蕾要求阿里人不可做南郭先生，不可随波逐流不进步。在工作时，每个阿里人都要扪心自问，自己是否全身心投入工作，是否怀着敬畏和感恩之心认真对待客户的问题，是否以勤勉之心不断追求进步。

彭蕾还指出，如果员工们都随波逐流不进步，问题实际上出在中层管理者身上。中层管理者的心态不端正，下面的员工看到自己的努力得不到回报，也就随波逐流不进步了。为此，我们要经常问自己："今天有我，会有什么不一样？"

怪象三：老虎屁股摸不得

有些人原本勤勉、谦虚、认真、负责，但功劳和苦劳增加了，人也变得骄横起来。对上不服领导，对下看不起员工，对客户与合作单位态度傲慢。这样的人眼高过顶，听不进任何批评意见，一碰就炸，仿佛要求地球围着他转。

如果老虎屁股摸不得成为团队中的普遍风气，那么留给外界的印象肯定很糟糕，"店大欺客"的恶名将毁掉大家好不容易树立起来的品牌形象。不根除此风，"做102年的企业"就会沦为空话。

怪象四：畏首畏尾不担当

有些人发现了问题，想指出问题，但顾虑重重，怕说了以后会少层皮、掉块肉，最终还是不敢去说、去做，对隐患睁一只眼，闭一只眼。彭蕾表示："一定要放下顾虑，放下负担，勇敢地去做事情。如果老是畏首畏尾，整个人都会变得猥琐。"

危机处理之所以难做，就是因为缺少有担当的人。勇于担责的人会在危机扩大化前果断将其处置掉，尽可能地减少负面影响。可惜许多人不肯担责，只想摘果子，不想担风险。假如人人都畏首畏尾不担当，那么离公司垮台也就不远了。

公司做得越大，业务做得越多，要小心的地方也会随之增加。很多疏忽就是在不知不觉中发生的。我们凭经验以为没有问题，或者因为干活太累而懒得去处理自己看到的潜在问题，都会让小问题拖成大问题。

实战心得

单凭一人之力是无法解决危机的。处理危机不光是你一个人的事，而是团队全体成员的事。各扫门前雪是短视的做法。阿里人常说："当你的伙伴需要你伸出一只手时，不妨把肩膀也给他。"在同伴遇到困难时拉他一把，帮助同伴共渡难关。这是阿里巴巴成立以来的优良传统，也是阿里人多次挺过重大危机的有效办法。

守好"高压线",但别忘了给"高压线""瘦身"

阿里工作哲学

在阿里巴巴,价值观是一条"高压线"。业绩再好的人若是犯了价值观的错误,公司也不会姑息。外界对这种做法议论纷纷,但阿里巴巴从来不放弃这条"高压线"。因为阿里人明白,设置"高压线"的目的是保护那些正直、善良、敬业的同事。不过话说回来,"高压线"有必要设置,但设置太多,又会起到相反的作用。给"高压线""瘦身"也是阿里人经常考虑的问题。

阿里巴巴在2001—2002年提出了"高压线",根据价值观考核来决定员工的去留。"高压线"的存在是为了杜绝一些不良风气,让公司上下都能不违背原则办事,以免招致更多的祸端。那时候"中供铁军"刚成立不久,成为最先实践"高压线"的阿里团队。刚开始的时候,阿里的价值观还没完全成熟,"高压线"的执行比较随意,后来才逐渐规范起来。

"高压线"本质上是公司内部的自我监管机制。彭蕾说:"监管意味着什么？首先我们得把自己管好，我们今天服务了那么多的客户，那么多的小企业，我们要站在监管的角度思考他们担心什么问题，我们就去把它解决好，我们怎么可以不让坏人钻到我们的空子，我们怎么可以保证我们所有的数据、信息的安全，像自己的生命和眼睛一样，我们去看护好它。这是无论有没有监管，我们都应该做到的事情。"

中供团队内部还专门拍摄了一个名为《中供"高压线"》的视频，反复强调哪些事不能做，做了就会碰到"高压线"，必定遭到严惩。

工作实例

阿里曾经有位资历很老的区域经理，没有陪访客户却向公司报销了100多元车费。这件在其他企业里微不足道的事被一名员工实名举报了，公司高层最终决定将其辞退。那位老阿里人非常愤怒，认为自己不算是虚假报销，就算是虚假报销，免职即可，何必辞退？

"中供铁军"当时只有三四十个区域经理，他在业务上是宝贵的人才。但身在日本的马云了解情况后，默许了辞退他的决定。

还有某区域唯一的P7级销售，为人聪明，懂得怎样带团队，大家都很欣赏他。眼看着他就要被提拔为主管，结果他在一次内部考试中被发现有作弊行为，被公司直接辞退了。诸如此类的情况，在阿里巴巴屡见不鲜。这就是"高压线"。

解析："高压线"的存在，让不少阿里人离开了公司。其中不乏对公司贡献极大、感情很深的人。但"高压线"就是"高压线"，一触即亡，不容姑息。若非有"高压线"规范员工的行为，阿里巴巴可能早就变得乌烟瘴气、弊病丛生了。所以阿里人一直把"高压线"视为危机管理的有效方法，甚至有些离职的阿里人也试图在其他公司复制这项制度。

吴敏芝在轮岗执掌"中供铁军"时，提出了给"高压线""瘦身"的新方略。因为她在工作中发现，"高压线"最多时达到了17条，内容过于细化，让不少管理者和员工失去了主动性。在她的主持下，"高压线"从2011年开始"瘦身"，缩减到了6条。值得注意的是，吴敏芝虽然缩减了"高压线"，但提高了"高压线"的执行力度，并没有放松日常的危机管理。

实战心得 ⇩

如果平时能远离"高压线"，就不会在关键时刻掉链子。"高压线"太少了，人会过于懈怠，胡作非为；"高压线"太多了，人会过分拘谨，束手束脚。怎样把握这个尺度，还得结合每个团队的实际情况来考虑。老子曰："为学日益，为道日损。""高压线"往往随着问题的增加而自然增加，我们要有意识地定期检查，精简"高压线"。这就是"为道日损"的智慧。

"揪头发"：站在更高的位置看问题

阿里工作哲学

企业中一个很常见的问题是本位主义。人人都只从自己的岗位看问题，过分重视小团体的利益，而不关心公司发展的全局。这种风气在经济形势好的时候会减缓企业发展的速度，在经济环境不好的时候可能导致企业走向衰败。为此，阿里人提倡"揪头发"工作法，让每个人都学会站在更高的位置看问题。

"揪头发"是为了把脑袋提起来，让人站在更高的位置看问题。"揪头发"生动形象地诠释了大局观的重要性。人人都知道大局观很重要，但并非人人都具备全局视野。狭隘的本位主义思想在企业中普遍存在。

所谓本位主义，就是每个人都只从自己的岗位需求来看问题，为了方便自己的工作提出这样那样的要求，并且拒绝配合其他部门、同事的工作，为谋求自身的短期利益不惜损害公司的长远利益。

这种做法等于是把个人或小圈子的利益凌驾于公司整体利益之上，会阻碍公司实现战略目标，会给组织内部各方关系制造隔阂。而且，怀有本位主义心态的管理者和员工因视野狭窄、目光短浅而不足以成大器，对其个人的后续发展非常不利。

为此，阿里巴巴大力推行"揪头发"工作法，目的正是从源头上克服本位主义造成的潜在危机，同时锻炼有大局观的后备人才。通过"揪头发"，我们可以培养向上思考的能力，在头脑中装入一本全局账，能从更开阔的角度来认识自己的工作。

"揪头发"工作法主要通过三种分析工作来进行训练。

分析内容	作用
行业历史及发展趋势	掌握本行业的全貌，根据行业未来发展趋势来拟定当前的工作要点。
竞争对手的数据及其竞争力评估	掌握竞争对手情况，根据自身条件来制定合理的竞争策略。
产品及业务的发展规划	熟悉公司的所有产品和业务，对公司的发展要形成大局意识。

阿里巴巴在向员工传授"揪头发"工作法时，会把员工分成小组，让每个小组都有三个以上的员工来做同一个主题的分析，而不仅仅是做一张数据统计表格。研究同一主题的员工在一定时间内集中进行演讲汇报，由专业评委选出名次，将评分结果录入管理者的评级体系当中。因为，教授"揪头发"工作法也是"教学相长"价值观的体现。

在学习"揪头发"工作法的过程中，我们要训练强大的内心，学会跟团队成员一起深入交流，共同探讨各种可能存在的问题和相应的对策。此外，还可以在必要时向更高层级的管理者寻求支持。

我们在通过"揪头发"工作法检查手头的工作情况后,要形成新的目标和计划,并将其写入KPI中。考核结果就是我们"揪头发"力度的最直接的体现。假如你没有因此获得更开阔的视野,还是局限于自己的一亩三分地,那就只能从头学起了。

实战心得

俗话说:"不在其位,不谋其政。"这个观念在阿里巴巴并不完全适用。阿里人的"揪头发"恰恰就是不在其位也要学会谋其政。站在比你当前岗位更高一级的位置上看问题,你会意识到很多以前没考虑的情况。尤其是自己平时的做事习惯,可能给团队带来什么样的积极影响或消极影响。心中有一盘棋和一本账,做工作规划时就会更加周密,能从源头上避免一些可能出现的问题。如果能通过"揪头发"培养这种能力,对我们未来升职很有好处。

"闻味道"：观察团队、业务和人的状态

> **阿里工作哲学**
>
> 做事业和建团队是相辅相成的关系，两手都要抓，两手都要硬。但不少人缺乏这种意识，只看报表里的业绩统计结果，而不关注团队当前的状态。这是一个很大的误区，会掩盖团队中隐藏的危机。阿里人的对策是"闻味道"工作法，用心去感知团队的状态，及时察觉不对的苗头，避免团队在高速发展中突然翻车。

马云说："团队是有味道的，作为一个管理者，只要你用心去闻，就能感知团队的状态，这是一种敏感度和判断力。"阿里巴巴根据这个理念发展出了一套"闻味道"工作法，把危机管理融入点点滴滴的日常工作中。

"闻味道"工作法力求把一切影响团队、业务和员工发展的不安定因素及时扼杀于摇篮之中。需要明确的是，阿里人的"闻味道"从招聘环节就已经开始了。在招聘面试的最后一关，应聘者会被安排跟一位入职五年以上的老阿里人聊天，从爱好到家庭什么都聊。

他们就是阿里的"闻味官",通过聊天来判断你是否认同阿里巴巴的价值观,能否跟公司的企业文化兼容。如果缺少了"阿里味",再优秀的人才也只能忍痛割爱。因为这些人进公司后也待不久,不能长期共事。

相对招聘环节,日常业务中的"闻味道"更为复杂,堪称是对团队、业务和人的综合诊断。负责"闻味道"的主要是阿里"政委",但所有的阿里人都要学会这种工作方法,一起感知团队的状态,在小麻烦变成大麻烦之前及时察觉不对味的地方。

"闻味道"工作法主要包括三项内容:

1. 闻团队

一个团队有没有活力和凝聚力,是很容易感受出来的。光看纸面上的绩效考核结果还不足以掌握所有的情况,我们有必要深入团队当中,感知团队当前的状态、氛围,以及员工的士气。

假如某个团队中频频发生内部纠纷,就有必要去深入调查实情,找出具体矛盾是什么,不要一听到报告就妄下结论。那些妨碍团队成员关系,降低众人士气的原因,往往不像表面上那样明显。只有去现场"闻味道",才能查明真相,帮助团队恢复活力和凝聚力。

2. 闻业务

马云强调:"有些小问题,如果不注意,就会引发大灾难。身上长了个红斑,虽然不痛不痒,但你得注意是什么原因导致的。CEO不仅要看到这头,还要看到那头。假如你判断失误,这个东西不会变成癌症还好,一旦变成癌症,灾难就大了。"

某个项目没做好,往往有多种原因,各个业务环节的衔接配合都能挑出毛病来。每个员工往往只看自己负责的业务，而不管其他人的工作情况。但使用"闻味道"工作法，就必须学会站在每个人甚至整个团队周边，同时观察多项业务，把整个工作流程的逻辑理顺。这样才能弄清究竟是哪个环节出了问题，帮助大家从更高、更全面的角度来看待业务，优化分工合作的流程和工作标准。

3. 闻人

员工的状态也是"闻味道"的一大重点。观察员工的一言一行是否符合公司提倡的价值观，看看他们有哪些想做却还没着手的事情。作为公司正式的"闻味官"，阿里"政委"要对自己负责的团队中的所有人都了如指掌。随便抽一个人出来，"政委"都要能说清楚这个人有哪些特点，当前状态如何，遇到了什么需要帮助的困难，有什么潜在倾向。通过闻人来及时发现每个人不在状态的原因，以便为其排忧解难，铺平奋斗建功之路。

> **实战心得**
>
> 当大家工作繁忙的时候，由于精神高度紧张，很容易忽略任务之外的事情。许多看似微不足道的隐患，就会借此机会生根发芽。等到人人都感到困扰时，隐患就成了不好处理的危机。越是团队高速发展的时候，越需要大家多多"闻味道"。不能等问题积重难返了才"闻味道"。阿里"闻味道"法的初衷就是尽可能地做好事前预防，不让隐患扩大化。我们一定要时刻保持防微杜渐的意识。

用好组织诊断工具,避免出现新危机

> **阿里工作哲学**
>
> 多年来,阿里巴巴一直在"折腾"自己,隔几年就大范围调整组织结构。有舆论认为,变动如此频繁的公司内部一定是出现了大问题,很快就不行了。结果阿里巴巴集团还是保持着良好的发展势头。虽然也出过错,在某些业务上遇到了困难,但整个组织并没有垮掉。这是因为阿里巴巴并不是随意变动组织结构,而是会在组织改革过程中反复诊断组织的健康状况,及时发现隐藏的危机。

阿里巴巴有句"土话":"不论组织结构怎么变,六个盒子走一遍。"六个盒子是阿里人常用的组织诊断"神器"。阿里的六个盒子是由管理学家韦斯伯德发明的六盒模型演变而来的,其主要用于评估组织发展过程中遇到的问题,以帮助管理者及时克服困难、阻碍和隐患,确保组织健康发展。

1. 六个盒子

六个盒子分别代表了组织在运营管理过程中的六个方面。每个盒子都包括文件系统和执行系统两部分。文件系统指阿里巴巴围绕企业使命、目标规划、业务需求等方面形成的各项规章制度文件。执行系统指阿里人对相关文件系统的执行情况。通过对比六个盒子中的两个系统，我们就很容易弄清组织当前的日常运转是否正常。以下是六个盒子的具体内容。

（1）目标和使命

在阿里巴巴，每个业务部门都会根据公司来年的战略目标画出业务大图。而战略目标源于使命，我们必须弄清楚我们的使命，即我们究竟在为谁创造什么价值。我们是否明白自己的服务对象是哪些人？这些客户需要什么样的价值？无论是销售人员、服务人员，还是技术人员、管理人员，一定要明确组织的目标和使命。任何违背目标和使命的改革，都应该被及时停止。

（2）组织和架构

组织的力量在于合理的分工合作。同样的人手，同样的财力和资源，在不同的组织结构中发挥的效果大不一样。"组织和架构"这个盒子检验的是组织的架构是否合理，人力资源的分配是否合理。具体而言就是，有没有根据每个人的能力特点，把合适的人放在合适的岗位上。如果未能做到，组织就会产生很多隐患，甚至积累成具有较大破坏性的危机。

（3）关系和流程

这里的关系指的是组织内部的人际关系、团队之间的关系、各环节之间的关系。流程指完成目标所必需的全部业务流程。如果组织内部的关系不佳，团队肯定问题多多，处理不当就会酿成危机。把关系和流程理顺了，大家才能更好地协同做事。在阿里巴巴，技术、产品、运营三条线通常会一起工作，以避免狭隘的本位主义，减少流程上的摩擦。

（4）激励和奖励

劳动者不是机器，没有激励就会失去工作的能力。激励手段包括物质激励和精神激励，还可以分为正面激励和负面激励。正面激励的思路是奖励，负面激励的思路是惩罚。奖励比惩罚的作用更为深远。所以这个盒子的执行落脚点是奖励。具体的奖励方式多种多样，一般会以组合的形式出现。在阿里巴巴，每个员工都可以从组织大图与业务大图上弄清楚明年的奖励重点是什么，以调整自己的努力方向。奖励不到位的组织，肯定是会出问题的。

（5）帮助机制

现代企业逐渐趋于"大平台+小团队"的运营方式。"大平台"是指六个盒子中的帮助机制。帮助机制包括技术、财务、后勤、行政等方面的帮助。前线的个人或团队只有在这些后台帮助机制的支持下，才能圆满完成任务。不过，帮助机制的做事逻辑跟处于前线的员工大不相同，很容易出现"支援不力，拖后腿很卖力"的情况。这就需要组织去协调和疏导，不能放任不管。

（6）领导和管理

这个盒子比较特殊，前面的五个盒子能否保持平衡发展，主要是看领导和管理。团队的领导层能力如何，是否团结，对组织的发展壮大有着决定性的影响。在阿里巴巴，人们很看重领导层是不是构成了一个团队，在员工面前是否发声一致，能否及时共享自己收到的反馈信息。没有开诚布公、精诚团结的领导层，组织的改革注定会失败。

2. 使用六个盒子的要点

六个盒子是一种比较全面系统的组织诊断方法。只要前期策划时能做到周密细致，执行阶段就会比较轻松。阿里人在实践过程中发现，能否真正用好六个盒子，主要取决于以下三个方面是否做到位。

（1）组织讨论的三个原则

我们在讨论六个盒子的时候应该遵循三个原则。第一个是全面性原则。做组织诊断时应该尽量全员参与，以获得更多的视角和想法，尽可能地发现更多问题。第二个是真实性原则。每个参与者都应该直言不讳地讲出自己的真实想法，否则组织诊断就变成了装样子、走过场。第三个是开放性原则。所有参与者在现场都要充分互动。阿里人组织六个盒子的方式主要有七种：分组讨论、轮流发言、学员币（虚拟币）、反馈机制、小组评比、学员DIY机制与小奖励机制。

（2）设置四种角色

阿里六个盒子法中设有四种角色：

★组织者——负责组织诊断的后勤工作，准备活动所需的物资。

★主持人——负责掌控谈论过程的方向和节奏，让组织诊断落到实处。

★观察员——由业务主管或者引导师担任，主要负责把控组内成员的讨论。

★专家小组——负责提供诊断方法，对参与讨论者提供专业知识方面的辅导。

需要注意的是,每个人都应该扮演好自己的角色,一边引导讨论,一边观察过程。每个小组之间还可以相互观察。重要的是提高讨论的质量,通过不断地提问和反馈,对组织诊断过程中发现的问题达成共识。

(3)把控好三个流程

阿里六个盒子的流程一般分为理论、实战和复盘三个部分。理论部分是给各个盒子三十分钟的时间来阐述内容,并给出答疑时间。实战部分则是梳理问题库,并与实际问题相结合。复盘部分要做的是回顾本次组织诊断的讨论重点,并总结关键点。

> **实战心得**
>
> 六个盒子最常用的场景有三个。第一个是你刚进入新团队时,可以用它来了解该团队。第二个是你在跟组织中的关键人物交谈团队未来的发展方向时,可以用六个盒子来揭示组织的现状。第三个是在组织结构发生调整之前,六个盒子有助于帮助大家理清调整后的组织应该成为什么样子。
>
> 通过使用六个盒子,我们就能站在一个更全面的视角来观察组织中存在的问题。根据阿里人的操作经验,所有人共同讨论六个盒子中涉及的问题,每个盒子至少要提出三个问题进行深入讨论。这些问题很可能会引出新的问题。通过一层一层地深入问题的核心,我们将更好地掌握组织发展状况,从源头上减少工作中的隐患。

第十章

事后复盘：
反思的目的是下一场赢回来

复盘是一种非常实用的总结经验教训的学习方法。通过还原工作的整个过程，我们能够清楚地看到自己在哪些方面做得好，在哪些方面存在不足。复盘越细致，暴露出来的问题就越多。这将为我们今后的工作提供宝贵的反馈信息，减少不必要的重复错误，以更合理的方式来达成目标。阿里人强调要经常"照镜子"，利用人才复盘和项目复盘等方法来从自己身上找到问题，而不要去让别人反思。此外，复盘的最终目标是下次赢回来，而不是往自己和队友的伤口上撒盐。这个初衷在复盘时一定不要忘记了。

复盘不要让别人反思，反思你自己的问题

阿里工作哲学

复盘是包括阿里巴巴在内的许多企业采用的工作方法。但在复盘的过程中，有些人喜欢回避自己的失误，强调别人的失误，甚至急于撇清自己的责任。马云对此批评道："要反思自己，而不是反思别人，反思你的员工。改变是要先改变自己，只有你改变了，你的组织才会改变。"

彭蕾在2015年首届全球女性创业者大会上演讲时提到了"复盘"。她说："我们回头来看一下的时候，我们发现其中可以去吸取的经验教训是什么，然后和团队一起去认真地复盘。"复盘是围棋术语。棋手在对弈结束后把整个行棋过程重新摆一遍就是复盘。这种方法被引入管理领域后，也成为阿里人总结经验教训、提高工作水平的重要工具。

需要注意的是，复盘≠总结。

总结只是单纯地分析已经发生过的事情，归纳出一些结论，没有什

么严谨的流程，内容往往也比较随意。复盘则不然，它是一个动态连续的过程，遵循着一定的流程框架，以学习为导向，对已发生的事和未发生的事都会进行系统的研究。

棋手在复盘时会针对自己的败招摆出其他的变化，找出克敌制胜的一招，否则就算不上是复盘。阿里人的复盘也是一样的，回顾工作中的失误和盲点，找出正确的解决方案，才称得上是完整的复盘。

阿里人的复盘通常是一种团队活动，个人复盘较少。常见的情况包括：本部的各小组之间进行复盘，部门之间围绕某个项目进行复盘，子公司之间围绕战略大图的落实状况进行复盘，总部对集团年度发展状况进行复盘，等等。

所有参与复盘的人都要敞开心扉、坦诚相待。这是确保有效复盘的关键。彭蕾指出："无论是和合作伙伴，还是和你的团队，甚至和家人，有一个很重要的原则，我自己的体会是真实、真诚，不要回避问题，你既然敢于当时那样说、那样做，你就要有勇气面对当时所做的一切。"大家在复盘的过程中一起找出问题，一起总结知识经验，最终实现全员的共同进步。这正是阿里巴巴复盘法的真谛。

毫无疑问，复盘肯定会占用不少工作时间，但它是一项非常必要的团队活动。俗话说得好，磨刀不误砍柴工。复盘可以为我们带来四个收益：

1. 认清事件的来龙去脉

一个事件往往有多人参与，而每个人都只了解事件的一部分。如果只是站在自己的角度总结问题，很容易犯盲人摸象的错误。把所有参与者组织起来，以团队形式进行复盘，就能让大家更好地了解事件的全貌和真相，认清事件背后的逻辑。

2. 实现团队成员之间的传帮带

总结往往是以个人为单位进行的。在同等的工作条件下，善于总结经验的人比不善于总结经验的人进步更快，得到的机会也更多。复盘是团队成员一起交流学习，善于总结的人可以整理出许多实战经验，甚至提炼出新的工作方法。所有人都能在复盘中学习到这些东西，提升工作能力。可以说，复盘是实现工作经验传帮带的重要方式之一。

3. 避免下次犯同样错误

我们在复盘后会发现本次工作中的失误，并分析出造成失误的主要是客观因素还是主观因素。这就等于是为每个人立了一个警告牌，避免下次跌入同一个坑里。

4. 完善工作上的细节

即使本次工作的结果非常出色，在实施过程中可能也存在这样那样的问题。复盘能暴露出我们工作细节上的瑕疵，便于大家找到更好的处理方式。只要能认真进行复盘，我们的工作就会越做越扎实，离卓越的品质也就更进一步。

> **实战心得** ⤵
>
> 通过复盘，每个人都能找到自己存在的问题。但部分管理者嘴上说反思自己，实际上还是在责怪别人，把责任推给自己的手下，还觉得这是理所应当的。如果管理者只是把复盘当作推托自己责任的工具，再细致的复盘都不可能真正起到应有的效果。

做人才复盘,有些雷千万不能踩

阿里工作哲学

阿里巴巴每年都会进行人才盘点。人才盘点也称"人才复盘",其核心是盘点公司所有人在今年的成长情况。通过人才复盘,阿里巴巴每年都会把不同团队中最优秀的人才和最有潜力的"希望之星"找出来,该表彰的表彰,该提拔的提拔。而那些盘点结果不尽如人意的员工,公司也会根据具体情况做相应的处理。

人才复盘是阿里巴巴观察员工当前表现并判断其未来发展潜力的重要方法。通过复盘员工的业绩和日常表现,我们可以清楚地掌握员工各方面的情况,把员工放在更合适的位置上。但是做人才复盘时要注意避免一些问题。假如操作不当,人才复盘很容易失去应有的效果,沦为某些心术不正者打击报复员工的工具。为此,我们在工作中要注意以下几点:

1. 复盘要带感情

人才复盘不能只是冷冰冰的、纯理性的数据分析。这样不符合以人为本的精神。马云强调,描述每一个员工都应该是带感情的、有温度的，必须让员工感受到组织对他们的关怀。即使他们存在表现不佳的地方，在得到组织和领导者充分尊重的情况下，会知耻而后勇，而不至于怨恨主持盘点工作的同事。

2. 深入剖析问题的根源

有时候，员工的表现不如以往好，不一定是因为能力不足或者不够努力。也可能是因为公司出现了新业务或者停止了旧业务，而他们还来不及适应工作内容的新变化。我们在做人才复盘的时候应该认真思考员工表现欠佳的原因，究竟是对新业务有抵触情绪，还是组织没有及时提供相关的培训和支持。找出真正的原因才能解决问题。

3. 重点复盘"老白兔"

根据业绩和价值观的双重考核结果，阿里把员工分为猎犬型、野狗型、小白兔型三大类。猎犬型是业绩突出且贯彻价值观的优秀人才。野狗型是业绩突出但不遵守价值观的刺儿头人才。小白兔型是业绩平平但遵守价值观的人才。猎犬型很容易脱颖而出，野狗型很容易被淘汰，所以人才复盘重点考察的是小白兔型员工，尤其是入职多年，看似兢兢业业但没什么显著成果的"老白兔"。

他们资历较深，通过熬年头占据了一部分组织岗位，但能力没有长进，又缺乏潜力。只要"老白兔"在位，工作就很难取得突破。而且他们往往打压能干的新人。如果不通过人才复盘来将其换岗、降级甚至辞退，"老白兔"就会妨碍公司正常的人才流动。

4. 根据人才复盘的结果来调岗

阿里做人才复盘的最终目的是对人才资源进行合理化配置。最常用的管理工具是人才盘点九宫格。按照绩效等级和能力等级各分为高、中、低三档就形成了九宫格，九宫格的九个格子对应九类人才，每类人才都有与其对应的处理方案。

★能力高+绩效高的人才——垂直晋升到不同的职能岗位，要尽快提拔。

★能力高+绩效中的人才——水平移动到不同的职能岗位。

★能力高+绩效低的人才——不移动，通过指导和辅助来提高其绩效水平。

★能力中+绩效高的人才——垂直晋升到相似的职能岗位。

★能力中+绩效中的人才——水平移动到相似的职能岗位。

★能力中+绩效低的人才——不移动，令其在原有的岗位上努力发挥自身优势。

★能力低+绩效高的人才——水平移动到极为相似的职能岗位。

★能力低+绩效中的人才——不移动，令其在原有的岗位上努力发挥自身优势。

★能力低+绩效低的人才——令其在本岗位上努力，或者降级使用。

实战心得

人才复盘的出发点是促进员工的成长。盘点他们的不足之处，也是出于这个初衷，不能将其搞成秋后算账的工具。由于阿里巴巴的人才轮岗比其他公司更加频繁，做好人才复盘就显得更为关键。人才复盘的公正性、客观性和透明性，对于被盘点的员工来说非常重要。不合理的复盘肯定会引起众人的不满。这点需要我们在操作时高度重视。

做好项目复盘的几个关键步骤

> **阿里工作哲学**
>
> 在阿里巴巴,所有的项目都要进行复盘。项目复盘是所有项目相关人员对项目进行的一次反思。把项目中所有的数据、计划、最终结果、消费者反馈情况、平台对策以及能调动的资源都摆出来,所有人重新走一遍流程。以此方式找出本次项目运作的亮点和不足。

彭蕾在2015年首届全球女性创业者大会上说:"过去发生的事情,我们就让它过去,如果用会计的话来说,其叫沉默成本。但是我们从沉默成本中可以学到的是什么呢?是好好地去反思,给自己'照镜子'。如果时光倒流,如果我有机会再走一遍,我会做什么。做这样的分析,需要我们冷静下来,需要我们理智下来,需要我们非常客观地对照自己的过去,我哪些地方可以做得好,哪些地方可以再改变,而不是陷在情绪里面。"

她这番话堪称阿里巴巴项目复盘的指导思想。项目复盘的关键在于客观地面对自己过去的工作,认真考虑自己重来一遍时会怎样做。就跟围棋高手的复盘一样,把每个失误之处都梳理清楚,以总结出更好的做法。要达到这种程度，就得遵循以下关键步骤。

关键步骤一：事前准备

阿里人做项目复盘不是临时叫大家来开个会就完事了，而是需要有比较严谨的事前准备工作。在进行项目复盘之前，得事先告知所有参与者本次复盘的内容提要，并且告诉每个人要在复盘中扮演什么角色，还要说明希望本次复盘能取得何种效果。这样才能让所有的参与者都明白自己在项目复盘中的定位，知道自己该做什么。否则复盘会议很可能变成一场乱糟糟的责任推卸大会。

关键步骤二：全员交流

每个参与者都要对本次项目进行总结，把做得好的地方和做得不足的地方都积极分享给其他人。当所有人都完成了这一步，才称得上是全员交流。复盘会要求全员参与和全员互动，就是为了不给项目复盘留下死角。

关键步骤三：个人回顾

先由项目的总负责人对项目进行整体梳理，指出项目计划中的关键点与执行过程中的关键事件。接下来由各个子项目负责人阐述各自负责部分的关键点。最后是项目成员表达自己在执行整个项目时的感受。三个层级的项目参与者依次进行个人回顾，才能让全员更加了解项目的全貌，避免在复盘中一叶障目。

关键步骤四：欣赏式探询

欣赏式探询是阿里项目复盘法的一大特色。许多公司也进行项目复盘，但思路往往会滑向追究员工责任的方向，让复盘会的氛围变得紧张。阿里人在复盘过程中会从欣赏他人优点的角度，探询他们在整个项目中的感受,了解他们在项目中采取了哪些行动,发挥了什么作用。欣赏式探询并非不谈及工作中的缺点,只是把落脚点放在更有价值的地方,并且高度重视员工的感受。

关键步骤五:集体沉淀

通过前面四个步骤,大家已经梳理出了项目中存在的各种关键问题。集体沉淀就是把这些关键问题制作成责任清单,并且确定每个具体问题由哪个人来负责落实。按照阿里人的习惯,当问题落实到人时,要明确何时能拟定出一个什么样的方案,在什么时候按照方案去解决问题。这些都要有清晰的工作规划。

关键步骤六:改善行动

从项目复盘会的讨论结果中找出需要改进的地方,以便在下一个项目中注意改善。这就是阿里项目复盘的最终步骤。若是不走到这一步,项目复盘就会停留在纸上谈兵的阶段,无法真正用于今后的工作实践。

实战心得

阿里巴巴项目复盘法既看局部细节,又看整体运作。不光是讨论事,还讨论做事的人。通过不断地沉淀经验和改善行动,阿里项目团队将实现共同成长。无论是项目的总负责人、子项目负责人,还是参与项目的普通员工,都能在项目复盘中真正明白自己工作的情况与工作的意义。由于每个员工的视野都在复盘中变得越来越开阔,因此工作中的狭隘认识与本位主义思想也将越来越少。团队的项目运作能力和凝聚力均会得到显著提升。

"照镜子":让所有人重塑自我认知

阿里工作哲学

复盘的过程也是一个"照镜子"的过程。"照镜子"在阿里巴巴不只是一种比喻,更是一个实实在在的工作方法。马云曾经跟阿里"政委"们分享了不少工作经验,其中就包括"照镜子"工作法。他说:"我们讲的'照镜子',指的就是我们能听取不同的建议和意见,能够做批评和自我批评。这里,关于我们要去听取不同的建议和意见,就是一个非常关键的思路,一种开放的心态,一种非常重要的原则和方法。"

"照镜子"工作法借鉴了乔哈里视窗理论。该理论把人的内心世界分为开放区、隐秘区、盲区和未知区。开放区是你和别人都知道的信息,隐秘区是你自己知道但别人不知道的信息,盲区是你自己不知道但别人知道的信息,未知区是你和别人都不知道的信息。

阿里的"照镜子"工作法就是通过开诚布公的沟通和实事求是的反思来发现自己的盲区,并且与其他参与"照镜子"的人一起发现过去没有意识到的未知区。这样就能让我们更全面、更透彻地认识问题，在今后的工作中减少盲点、增加成果。"照镜子"工作法主要包括三个部分：

1. 照自己

照自己就是内省，日三省吾身。静下心来观察自己的行为、情绪、身体状态，找到最近让你感到最困扰的问题。然后再看看自己为何没能解决该问题，没能保持好心情和好状态。在此过程中，你会察觉到自己的软弱之处，但也要找到内心中那个强大的自己，从痛苦中醒悟，挖掘心中没有释放出来的力量。

2. 照他人

照他人就是给别人当"镜子"。阿里人在复盘过程中不可避免地要用"镜子"照他人。想要做好这一点，就得学会聆听。聆听对方的真实心声，怀着同理心去换位思考，最后用共情能力来感动对方，达成一致认识。

3. 照团队

照团队就是通过跟其他团队成员"照镜子"来反思团队存在的问题，加深对团队的了解。当我们发现团队成员出现某些不当之举时，应该及时提醒他们。人人都成为团队的镜子，团队就会变得更加简单透明，也更有凝聚力。

工作实例

某次"双11"，阿里园区迎来无数包裹。一位总裁发现有些包裹不是从阿里平台买的。他非常生气，就跟"逍遥子"张勇抱怨这些员工不爱公司，应该管一管。但张勇认为，员工也是消费者，买别家的东西不代表他们不爱公司。他反而让那位总裁认真思考一下，为什么员工不选阿里平台而在别家的平台上购物，这说明阿里平台还有做得不够好的地方。

解析：张勇对此事的处理，就是典型的"照镜子"。正如马云所说："团队的状态就是你的镜子，你一定和你的团队是一模一样的。你看到的问题其实就是你的问题，当你发现你对团队各种不满意时，你一定是这样子的。以自己为镜，照下属；以别人为镜，照自己。通过'照镜子'，才会发现自己的管理多烂、形象多差，才不会让自己变得狭隘和官僚。"

"照镜子"工作法虽然是从自己、他人和团队三个角度来检查问题，但我们在实际应用时应该重点照自己和团队。他人的问题有时候可能是受你当前的状态影响，或者是被全团队都有的问题影响。只要我们从自己存在的问题开始改善，其他问题就很可能迎刃而解。

实战心得

阿里巴巴在与各路对手竞争时，也不是没有败走麦城的时候。每次遇到这种情况，阿里人都要"照镜子"，认真反思自己输在哪里。马云点评道："你们觉得对手不如你，你们觉得自己对市场很了解，对客户很了解。但实际上，你们讲得很对，输在轻敌上，今后我觉得大家一定要注意。"市场和客户并非一成不变的，竞争对手也一直在努力赶超我们。我们昨天的优势，可能在今天突然变成短板。如果在"照镜子"时不能意识到这一点，下一次还是会犯轻敌的错误。

现场办公会：把所有问题还原到起点去解决

阿里工作哲学

当工作出现差错时，对于问题的起因各部门可能会有分歧。上游环节认为是下游环节出现了问题，自己没多少责任。营销团队认为是技术团队的问题，自己没多少过错。被指责的一方往往会为自己辩护。结果公说公有理，婆说婆有理，难以搞清楚到底是哪个环节的问题。遇到这种情况，阿里人就会回到工作现场，开一个现场办公会，从起点开始寻找问题所在。

现场办公会是彭蕾在执掌支付宝业务期间推出的一种工作方法。当时支付宝管理层开了很多次周会，但还有很多问题迟迟没有争论出结果。彭蕾觉得这样下去不是办法，于是把某一次周会临时改成了现场办公会。

参与会议共有70余人，其中不仅有支付宝的管理层，还有许多"听得见炮声"的一线员工。彭蕾在会前开宗明义地呼吁大家有什么说什么，把问题拉出来会诊，群策群力以解决问题。为了让众人放下顾虑，她还表示争执和冷场都没关系，现场办公会不是为了批斗谁，而是为了把所有的问题还原到起点去解决。

据说支付宝团队在这次现场办公会中讨论得非常激烈，提出了许多尖锐的批评意见。比如，当时支付宝旗下的产品很多，但管理很混乱，有的产品没有人负责，造成了资源浪费。此外，产品部门和前线业务部门的衔接也不好，在做"借贷分离"项目时，产品部门就没有做到及时通知前线业务部门。诸如此类的工作细节问题比比皆是。

在彭蕾的主持下，现场办公会每挖出一个问题就当场解决一个问题，找出阻碍工作的因素，想出排除障碍的对策，并确定具体落实的负责人。就这样，70多人参加的现场办公会一口气解决了不少久拖不决的遗留问题。

彭蕾在会中不仅促成了一项又一项决策，还当场开出了奖罚单。无论是干部还是普通员工，该奖励的当场拿到奖单和对应数额的红包，该惩罚的也当众领罚单并扣钱。有些人既有好的表现，又在工作中犯了错误，就有赏有罚，同时接到两张单子，而不会直接功过相抵。比如，阿里"创业十八罗汉"之一、花名"虚竹"的师昱峰，因为给公司招入了一名资深程序员而得了500元奖单，又因制定预算时考虑不周犯了低级错误而得到500元罚单。

除了工作中的赏罚外，彭蕾还针对大家在现场办公会的表现临时加派红包。比如，许多人在进入会场时都找偏僻的地方坐，有一位员工却主动坐在最前排，就得到了奖励。因为彭蕾认为，他选择的是最能听清会议内容的位置，没有刻意隐藏自己，这种积极性是值得鼓励的。

有趣的是，彭蕾刚给该员工发完红包后，另一位员工表示这个位置本来是他先坐的,中途他出去了一下才被占走。他表示:"我想说的是,主管也是人,他们也会犯错,我们一定要及时告诉他们。"彭蕾因为他敢于指出领导的错误,也奖励了他。

就这样,现场办公会逐渐成为阿里人剖析问题、解决疑难的重要手段。想要用好这种工作方法,就得明确会议主题,让一线员工现身说法,所有人各抒己见,共析疑义。关键的是要突出"现场办公"四个字,当场揭开问题,当场解决问题,当场做出奖惩,让一切都在透明开放的环境中进行。这样才能把工作中遇到的问题连根拔起,明确每个人的责任,最大限度地避免面对问题不作为的歪风邪气。

实战心得

阿里巴巴的会议很多,尤其是各种复盘例会。不少员工抱怨低效会议浪费了他们许多本来可以用来做好本职工作的时间。我们应该明白一点:开会是为了解决问题,而不是为了制造新的问题。这个尺度一定要注意把握好。开会时尽可能地做到主题明确、议事高效、执行有力,开会形式也应该根据工作内容灵活调整,不一定要拘泥于固定形式。避免"文山会海"的形式主义作风破坏了公司引以为傲的灵活性和机动性。

第十一章

全面成长：
用人的最高境界是
提升人

> 马云认为用人的最高境界是提升人。阿里人使用的各种工作法，实际上也是围绕着人才的全面成长而展开的。每个员工都要对自身的成长负责，而领导也要以"超越伯乐"的精神去促进下属的发展。公司应该为员工创造成长的环境，但每个人的成长最终还是要靠自己。为此，阿里"中供铁军"拥有悠久的经验分享传统，阿里"政委"也被要求陪同员工一起成长。阿里集团还采取了名为"三板斧"的干部培养法，让公司上下各个级别的工作者都能得到充分的成长。

员工对自身的成长负责,领导对下属的发展负责

阿里工作哲学

"超越伯乐"是阿里巴巴一条很重要的核心价值观。马云曾经告诉HR,一年过去后必须看看员工成长了多少。在他看来,员工的成长也是阿里的核心"利润"。马云还对干部们说:"你刚来可以抱怨你的手下是一群混蛋,但是如果过了一年你还在抱怨,那么你才是一个真正的混蛋。"在阿里,如果你培养不出一个能代替自己的人,你就没有升职的机会。

大多数企业对员工的成长并不是很重视,只是将员工视为随时可以替换的劳动力。在这种环境中,领导不愿为下属的发展负责,追求进步的员工待不下去。频繁的流动让团队处于一个不稳定的状态,难以发展到更高的水平。

阿里巴巴非常警惕这种现象,所以提出了"员工对自身的成长负责,管理者为下属的发展负责"的理念。马云认为,对阿里人威胁最大的不是同行业的竞争者,而是全球范围那些优秀的"70后""80后""90

后"人才。如果阿里员工不能充分成长，就会在今后的竞争中输掉。

为此，阿里集团为新老员工准备了非常系统的培训课程。新员工入职的前三个月都有老员工以"师傅带徒弟"的方式手把手教，并且要学习百年阿里、百年淘宝培训、百年诚信、百年大计等课程。入职6~12个月内还可以选择重修上述课程。

许多员工长期待在同一个岗位上，只有一技之长，但缺乏其他能力。而有些岗位使用的人才也不是最匹配的。针对这种现象，阿里在2012年推出了干部员工轮岗交流机制，通过轮岗的方式来锻炼一批精通多种业务、具备全局观的经营管理人才。从此以后，公司上下各级都把轮岗交流视为一种常规的人才培养方法。

这一系列措施都是为了落实"员工为自己的发展负责，管理者为下属的发展负责"的理念。但在执行的过程中，有些领导干部并没有真正对下属负责，让轮岗制流于形式。这些问题在公司年终的人才盘点中会暴露出来，在平时员工的抱怨和投诉中也能看到端倪。

为此，马云要求部门领导在带新人时要完成一些看似不起眼的基本功课。比如，给新人一杯茶，对新人说一声"谢谢"，在新人完成一个项目后给他们的家人发短信报喜。项目成功了，跟新人一起庆祝；万一项目失败了，也要庆祝这个项目终于关掉了，大家反思之后继续朝前看。通过这些点点滴滴的帮助，员工才能感受到领导对自己的关怀，产生积极成长的动力。

在阿里内部有个不成文的习惯：一个员工入职三年后才算成为真正意义上的阿里人；而且在一个位置待了三年就该被调动，如果不调动，就得给这个人提供其他的成长机会；入职五年的阿里人在公司内部被称为"五年陈",必须开始带新人,也担负起帮助下属成长的领导职责。

领导带新人的责任制和轮岗交流机制相结合,意味着每个阿里员工的能力都是由多名主管共同评价。这样不仅有助于开发员工的新潜力,也能让公司各个岗位有更多的人才资源可供选择,还能让员工得到相对客观公平的评价。

实战心得

阿里有句话叫"让每个人成为更好的自己"。马云曾批评轮岗制度流于形式的问题,也是基于这个初衷。轮岗的本意是帮助员工获得更全面的成长。但有些领导不肯对下属的发展负责,既不能好好栽培他们,也不能按照考核结果淘汰他们。既不批评,也不表扬,警告和提拔都没有,只是等着下一次轮岗把这些员工换到别的岗位。这种缺乏担当的领导,无疑阻碍了人才的发展,把原本可能成才的潜力股废掉了。领导若是不肯为员工担当,那么想让员工为客户担当、对工作负责,也是不可能实现的。

成就"中供铁军"威名的经验分享会

> **阿里工作哲学**
>
> 员工的个人成长和团队的薪火相传,都离不开传帮带。如果新老员工之间有很深的门户之见,不肯交流经验,就无法共同进步,很可能被善于学习的竞争对手击败。阿里在"中供铁军"时代有开经验分享会的传统,每个表现优异的员工都跟其他人分享自己成功的经验,从而实现教学相长。

阿里有句"土话":"我说你听,我做你看,你说我听,你做我看。"这句话形象地反映了"中供铁军"新老员工传帮带的学习氛围。阿里巴巴的销售团队从公司成立之初就养成了传帮带的优良传统。这种老员工与新员工互相帮助的氛围,是公司一步步发展壮大的保障。

许多公司的销售团队缺乏这种氛围,老员工垄断资源和欺负新员工都是常态,新员工得不到充分的成长。这种团队的实力完全取决于少数老员工的实力。与教学相长的阿里团队相比,他们在后备人才梯队建设方面存在明显的缺陷,赢不了长距离的较量。

教学相长是阿里"独孤九剑"文化中不可缺少的一部分。这个价值观在阿里绩效考核中占5分，具体打分标准如下：

分值	打分标准
1分	掌握与本职工作有关的业务知识和技能。
2分	能够虚心请教，不断充实业务知识，提高业务技能。
3分	在团队中积极主动地与同事分享业务知识，交流工作经验。
4分	担任公司范围内的内部讲师，并获得学员一致好评。
5分	代表公司担任业界授课讲师，并获得学员一致好评。

工作实例

曾经担任中供大区总经理的罗庆元在2002年加入阿里巴巴。他在参加电话预约培训时表现不佳，时任区域经理的吴敏芝觉得他可能会被淘汰。后来做业务时他也跌跌撞撞的，久久不见起色，直到2003年时才幸运地迎来转机。

2003年1月，关明生在公司会议上指出，公司每个区域只有一名区域经理，新入职的销售人员没人指导也无人陪访，几乎是在自生自灭，这样对新员工的成长不利。于是"中供铁军"从同年春节后开始试行带有师徒制色彩的主管制。一个主管负责带一支10人规模的团队，由新人负责找客户，由团队中一个"厉害的人"负责最终成交。

罗庆元的主管是曾把上海团队带成全国销售冠军的周俊巍。在第一阶段，主要由陪访的周俊巍与客户沟通，罗庆元配合。在第二阶段，主要由罗庆元和客户沟通，周俊巍配合。进入第三阶段，周俊巍就不陪访了，由罗庆元独自搞定。假如没有周俊巍的传帮带，罗庆元可能在阿里巴巴不会有后来那么大的成就。

解析："中供铁军"的主管制，其实就是一种传帮带的制度。主管在每天工作结束后，会召集团队成员凑在一起分享当天的经历。每个人说说自己在白天遇到了什么样的客户，客户有什么样的反馈意见，然后再交流处理工作细节的经验。

这种由主管牵头的经验分享会在中供各团队非常流行。它实现了经验、资源、信息的无偿共享，让新人得到了充分的学习和锻炼，成长速度大大加快。"中供铁军"因此迅速壮大，也带动了整个阿里组织的高速发展。

实战心得

阿里把销售过程分解为每个员工可以按步骤操作的精细流程。这些流程凝聚了无数阿里人的智慧结晶。与此同时，阿里的CRM系统还设有销售线索池制度。公司以重金挖掘客户的线索，将其储存在线索池里，再分配给某个员工。如果该员工在特定期限内没有跟进销售，这条线索就会被系统回收，然后分配给其他人。公司管理层每天会通过CRM给每个员工分配30～50个客户。如果某位员工觉得某条销售线索更有把握，可放进自己的客户私池，但同时要从中退回同等数量的销售线索给系统重新分配。这项制度是为了给没有任何资源的新员工提供更多成长机会，避免顶尖员工占用太多销售线索。

每个阿里"政委"都会的员工培养法

阿里工作哲学

阿里有句"土话":"与其等待与能力匹配的机会,不如培养与机会匹配的能力。"除了员工自身的学习外,阿里巴巴还设置"政委"一职来帮助员工成长。经过多年实践,阿里"政委"总结出了一套行之有效的员工培养术。

马云曾经反思道:"我招到一个好的人,把他放到一个合适的位置上,这是很正常的。但是最高的一个境界是我们还没有达到的、正在追求的,是我招了一个人,在用的过程中养他,越养越大。我们今天还没有做到这个境界,至少我没有做到这个境界。我们今天养了很多人,但是很多人在公司用的过程中枯竭掉了,他的身体被打垮了、精神被打垮了、技能被打垮了。没有达到'养'的境界。"阿里巴巴实行"政委体系",就是为了更好地"养才"。

阿里"政委"的员工培养法说出来很简单,只是许多企业不够重视或者舍不得投入罢了。其精髓有三点:培训、陪练、陪访。

1. 培训

除了前面提到的最基础的企业文化培训外，阿里巴巴还为不同类型的员工设置了四个专业技能培训模块。

（1）运营大学——针对全公司的运营人员的培训

阿里巴巴根据集团的业务情境开发了涵盖四大运营领域岗位的100门专业课程。培训形式包括脱产学习、在岗学习、主题沙龙和运营委员会交流等，为不同的运营人才制定了精准化的培训内容。

（2）产品大学——针对产品经理的培训

产品大学的培训课程主要分为三类。第一类是为入职不到三个月的产品经理设置的"PD新人特训营"，帮助他们了解阿里集团的产品情况。第二类是针对同一培训对象开设的"产品大讲堂"，旨在培训新人的实战业务能力。第三类是面向各个产品领域的高潜力员工的产品经理委员会，通过定期的交流会来共同探讨业务、会诊疑难问题。

（3）技术大学——针对技术人才的培训

技术大学以专业课和公开课为基础，根据阿里重点发展的技术领域来组织技术沙龙，邀请外部专家来分享相关领域最新、最牛的前沿技术，提升阿里技术人才的业务素质。

（4）罗汉堂——针对入职时间在三年以内的一线员工的培训

罗汉堂培训的是此类员工的通用能力，培训内容包括情绪管理、沟通技巧、团队合作技巧、组织会议技巧、结构化思维与表达等，旨在提高员工在不同工作情境下的应对能力。

2. 陪练

阿里"政委"在培训环节是讲课的老师，在陪练环节则更像是运动员的教练。他们要像教练一样手把手地教导一线员工如何开展工作。做陪练的时候，要事前准备好陪练计划，明确陪练时间和陪练内容。

陪练内容一般是不固定的，要根据相关员工的实际需要进行针对性的部署。陪练时间可以选择每天晚上，在有必要时可在双休日留出半天时间加练。阿里"政委"在陪练时要结合工作情境，把对方的问题指出来，在演练过程中纠正其错误，再把正确的解决办法演示出来。

3. 陪访

陪访就是阿里"政委"陪同一线员工一起去做市场调研、拜访客户。这不仅是提高员工业务水平的训练，也是阿里"政委"每到一个新工作环境后了解业务执行情况的主要手段。在陪访之前，阿里"政委"要制订一个详细的陪访计划，务求做到每一步行动都有的放矢。

初期陪访工作以传授思路和方法为主，帮助一线员工了解工作的要点和整套业务流程，树立正确的做事思路和方法。后期陪访工作则以观察细节为主。重点观察该员工在工作时暴露出来的细节问题，进一步完善其工作细节。

通过阿里"政委"的培训、陪练、陪访，每一位阿里员工都能得到充分的训练，快速拥有独立工作能力。毫不夸张地说，如果没有这套员工培养法，阿里巴巴就很难在高速扩张的状态下保持员工培训工作的有序高效。

> **实战心得**
>
> 张勇不赞同那种"反正我只看结果"的用人方式,认为这是对人才的不负责任。他主张:"你得给他撑把伞,让他能够先适应一下环境、土壤、水温。"这个观点跟马云的"养人"理论是一脉相承的。事实上,许多优秀的人才在换了个环境后都会出现不同程度的水土不服现象。如果能给员工一段适应公司环境的时间,并且多方面提供帮助,就能把他们养好。不至于让人才在适应阶段遇到大麻烦,失去留在公司奋斗的信心。阿里的三种"陪"发挥的就是这种作用。

具有阿里特色的干部培养法

> **阿里工作哲学**
>
> 阿里巴巴在发展初期吃了管理人才与公司需求不匹配的大亏，后来咬着牙开展了一系列培训课程，提升了干部素质。随着公司的不断发展，阿里巴巴的干部培训体系日益完善，发展出了一个独具特色的"三板斧"体系，为基层、中层、高层三个不同层次的干部设计了有针对性的培训课程。这为阿里巴巴集团的人才梯队建设发挥了巨大的作用。

阿里"管理三板斧"必修课培训体系，针对基层、中层和高层干部分别做Manager Skill（经理技能）、Manager Development（管理者发展）和Leadership（领导力）三个层次的管理技能培训。三个层次都分别有三门课，被称为腿部"三板斧"、腰部"三板斧"、头部"三板斧"。也就是说，阿里的"管理三板斧"一共有九门必修课。

1. 腿部"三板斧"：基层干部的Manager Skill（经理技能）

阿里巴巴的基层干部必须学会三件事：

★Hire&Fire（招聘与解雇）——招聘的时候要看应聘者是否认同阿里的企业文化，是否具有强大的自我驱动力。解雇人的时候要结合业绩线和价值观线进行双重考核，两者的占比都是50%。"小白兔"型员工可以给一次机会，不行就开除。"野狗"型员工业绩再好也要开除。工作能力和价值观都出色的"猎犬"型员工是公司要重用的对象。

★Team Building（建团队）——基层干部要关怀员工，跟员工打成一片，帮助他们成为更好的自己。这样才能形成团队凝聚力，让所有人围绕共同的任务目标并肩作战。

★Get Result（拿结果）——在业务方面要管得了人，抓得住过程，掌握得了结果。以结果为导向，但不能放松对过程的管理。

2. 腰部"三板斧"：中级干部的Manager Development（管理者发展）

阿里的中级干部必须学会三件事：

★懂战略——中级干部要能准确领会上级的战略意图，不仅要知道做什么，还应该知道为什么要这样做，把宏观战略转化为执行方案。

★搭班子——中级干部在组织中扮演着承上启下的重要角色，其核心任务是通过准确传递信息来有效利用公司的资源。对于上级与下级的要求和诉求，中级干部要学会用对方能够理解的方式进行沟通，不能只满足于做一个"传声筒"。

★做导演——中级干部要根据公司战略来分配好团队成员的角色，

并做好各环节的协调工作，像导演一样把控本部门工作的整体进度。

3. 头部"三板斧"：高级干部的Leadership（领导力）

阿里的高级干部必须学会三件事：

★定战略——高级干部担负着指明方向、确定战略的使命。定战略就是根据市场需求变化和公司发展需要来设计合理的组织战略规划。

★造土壤——人才的成长需要良好的环境。造土壤就是为人才提供公开透明的制度、稳定的成长空间和融洽的团队氛围，使其对公司产生归属感。

★断事用人——高级干部要做对事，找对人。做对事就是做正确的事，而不只是正确地做事。找对人就是知人善任，用人所长，对其进行一定的监管或辅导，不断增加团队的人才储备。

为了落实头部"三板斧"，阿里集团每年都要召开业务战略会、财务会、人才盘点会。这三次会议将对公司发展情况进行全面梳理。整个集团会在年底时发布一个报告，对各个分公司进行三项打分：

★战略落地情况
★当年的业务结果和财务控制
★人才的盘点和培养排名

综合打分形成的排名都会在阿里集团内网公布。每个阿里人都能清楚地知道自己在公司的具体排名是多少。通过"管理三板斧"培训体系，阿里集团各个层级的干部能获得与自身岗位要求相匹配的管理技能。

当一名员工因为表现出色而升为基层干部时，不会直接学习更高层次的课程，而是首先接触腿部"三板斧"的培训。随着能力的增长和功劳的增多，他由基层干部晋升为中层干部时，集团会安排他参与腰部"三板斧"的培训。阿里这套独具特色的干部培养法充分考虑了各个层级干部的工作情境，又有明确的升级体系，有效地避免了人才队伍的断层。

实战心得

很多公司有个常见误区，即只培训员工，而不培训领导干部。决策层以为这笔开支可以节省，只要从外面招到一个"抓起来就能用"的成熟人才即可。

这种思路只能用于守成，而不可用于进取。因为公司的发展上限在很大程度上取决于干部的整体实力。干部没有成长，公司也很难持续发展。阿里巴巴在当初最困难的时期依然不惜代价地培训干部。若非人才团队的实力得到强化，公司也不会发展成今天的模样。

为员工创造环境，但员工的成长最终得靠自己

阿里工作哲学

阿里巴巴多年来一直在致力于给人才增值，为员工创造良好的成长环境，提供层次分明的、井然有序的培训课程。但员工的成长最终还得靠他们自己。如果他们自己不思进取，那么谁也教不动他们。所有的阿里人都在工作中不断修行，但有的进步飞快，有的停滞不前。为了提高员工的自我修炼水平，阿里给员工划定了几个基本的修炼方向。

提升自我离不开修炼，但努力方向宜精不宜多。学得太杂就"嚼不烂"，很难取得实质性的进步。想要全面提升自己的实力，从四个方面进行修炼就够了。这四个方面包括知识技能、个人思维、人际沟通和经营管理等领域。

1. 知识技能修炼

拥有专业的知识技能是成为优秀员工的基础条件。我们不仅要学习与本岗位相关的专业知识，还应该不断扩宽自己的知识体系。管理

学、经济学、心理学、社会学、法学、历史学等领域的知识也应该广泛了解。

知识技能修炼的主要途径是阅读和交流。阅读各类专业经典文献、最新的行业信息资料，不要只做碎片化的浅阅读，而要带着问题进行深阅读。在此基础上，多在社交媒体和专业论坛上与其他人交流，掌握最新的新闻资讯，从不同领域的专业人士那里吸收新知识。

2. 个人思维修炼

思维能力决定了一个人的认知水平上限。想要与时俱进，适应社会经济文化发展的新形势，就得培养良好的思维习惯，构建合理的思维方式。阿里人眼中的个人思维转变通常包括三个层次。

首先是职能思维要转变为业务思维，不要把自己的视野局限在某个具体的职能上，要学会看清整个业务。其次要把用户思维转变为产品思维，不只是关注用户，还要关心产品，培养对未来产品的判断力。最后是把线性思维转化为结构性思维，避免从单一的思维角度考虑问题，而要能够综合考虑客户的感受和公司的利益。

3. 人际沟通修炼

人际沟通的艺术在前面的章节中已有提及。我们在修炼这项能力时，不光要锻炼表达能力，还要提高理解能力。

表达能力强的人思路清晰，能灵活使用各种论据。如果你准备和别人沟通某事，应当先确立谈话的主题，梳理沟通的要点。若是正式谈判，还应该事前准备好沟通提纲，对先说什么、后说什么做到心中有数。

理解能力主要表现在你的提问和复述中。你提的问题是否有针对性，你复述的内容是否符合对方表达的本意，都能让沟通对象看出你到底有没有理解他的本意。有经验的员工在复述之后往往会加一句："我这样理解有问题吗？"既能体现对别人的尊重，也有助于提高沟通的准确性。

4. 经营管理修炼

做业务是一种能力，经营管理业务部门团队是另一种能力。不具备后一种能力的人，即使升职做了领导，也不会干得太好。为此，我们应该有意识地修炼自己的经营管理能力。具体而言就是弄清楚整个行业的情况、公司在业内的情况、公司当前的运营方式及竞争对手的情况。

积极阅读经营管理方面的书籍和文章，参加业务部门的会议，积极参与经营管理方面的工作。这些都能帮助我们真正弄清经营管理的要点。当我们真正成为相关的管理人员时，就知道该从什么地方开展工作了。

实战心得

阿里巴巴借鉴西方管理学的胜任力方法，对阿里员工也使用了胜任力工具。以阿里"政委"的胜任力要求为例，身为阿里"政委"应当具备七大能力：判断力、运营力、专业力三种初级能力，以及理解和实现客户需求的能力、思辨的执行力、协同能力和创造未来的能力四种高级能力。我们可以借助胜任力模型来检验自己在哪些方面存在不足，在哪些方面形成了优势，然后就能明确自己今后的改进方向了。

第十二章

团建活动:
让每个进步给我们带来快乐和成果

如果你把工作当成一种负担,精神压力就会越来越大,时常感觉自己活得很累。久而久之,你的工作动力就会被消磨殆尽,没有了激情,也不可能再做出好的成果。阿里人一直提倡"快乐工作"的理念。难能可贵的是,"快乐工作"在阿里巴巴不是一句空洞的口号,而是落实在工作环境、工作方式和各种团队活动的细节上。这使得"快乐工作"真正成为具有阿里特色的有血有肉的企业文化价值观。如果你想要长久地保持工作激情,不妨来看一看阿里人是怎么做的。

打造一个让人快乐工作的江湖世界

阿里工作哲学

在阿里"六脉神剑"文化中,"激情"是一个很重要的组成部分。阿里"土话"说得好:刚工作的几年比谁更踏实,再过几年比谁更有激情。老员工们在工作技巧上各有绝活,但工作激情的差异会造成他们之间的差距。为了保持员工的激情,阿里巴巴一直致力于打造一个能让人快乐工作的环境。与其他企业的内部氛围相比,阿里更像一个好玩的江湖世界。

阿里上下的共同追求是:让员工变得富裕、变得开心,一辈子都有成就感。只有工作开心了,人们的激情才能不消失。在阿里"六脉神剑"中,"激情"包含以下几点:

★乐观向上,永不言弃。

★对公司、工作和同事充满了热爱。

★以积极的心态面对困难和挫折,不轻易放弃。

★不断自我激励，自我完善，寻求突破。

★不计得失，全身心投入。

★始终以乐观主义的精神影响同事和团队。

彭蕾曾经表示很讨厌"职场"这个词。她认为这个词让生活变得无趣，工作也因此缺乏血肉和情感。彭蕾希望工作场所除了是一个职业活动场所之外，还应该是一个情感交汇的场所。这样才能把员工心里向上的、积极的能量激发出来，使其成为身心平衡的奋斗者。

在阿里人眼中，马云是好玩又会玩的老板。他也说过："我希望所有的同事认真生活、快乐工作。来阿里，这是一个很快乐的旅程。人一辈子就是一个旅程，不过三万多天，我们得开开心心的。只有你们开心了，公司才会有奇迹发生。"

为了打造一个能让员工快乐工作的环境，阿里巴巴在公司内部大力推行武侠文化。其最有特色的措施就是取花名。

每个入职阿里的员工，都要取花名。最开始，马云带头用武侠小说里的人物名字当花名，阿里人称"风清扬"。张勇的花名叫"逍遥子"，师昱峰的花名叫"虚竹"，邵晓峰的花名叫"郭靖"，倪行军的花名叫"苗人凤"。还有个已经离开阿里的女员工花名叫"苗若兰"，入职第一天就被时任淘宝网总裁的孙彤宇带去见"苗人凤"，"父女俩"后来常在阿里旺旺上聊天。诸如此类的趣闻，在阿里巴巴屡见不鲜。

后来阿里员工多了，武侠小说里的人物名不够用，就用历史人物的名字当花名。随着公司规模的扩大，源于影视角色的花名、化用诗词的花名、插科打诨的花名、来自外号的花名，无所不有。这是阿里巴巴最与众不同的风景。

阿里人在工作时习惯以花名互称，而不太喜欢用职务和真名来称呼别人。尤其是在公司内网上交流时，大家把花名当成网名来用，整个交谈过程充满平等而欢快的气息。阿里巴巴不仅给员工起花名，还给工作地点起花名。这让阿里人在工作时更容易自然而然地放松心情。

在公司内部推行花名制度，是阿里巴巴最有个性的组织行为。花名文化既是阿里武侠文化的体现，又反映出了公司内部平等、开放、包容的企业文化特色。虽然阿里的任务重、难度大，但花名和其他带有趣味色彩的东西在无形中让大家的压力有所缓解。

而且大家用花名来交流时，更有互联网的沟通氛围。这种氛围比板着脸做事的紧张氛围更有利于提高人们的工作效率和幸福感。阿里人从取花名开始，一起工作一起玩，把公司变成了一个令人愉快的江湖世界。

实战心得 ⇩

阿里巴巴的第三大愿景目标是成为全球最佳雇主。要做到这一点，一方面要让员工变得富裕，帮助更多优秀的人才实现财务自由；另一方面则要重视精神方面的激励，尤其是给员工更多的成就感和归属感。成就感来自事业，归属感更多来自人际关系。阿里推崇武侠文化、笑脸文化、倒立文化，在众多互联网公司中堪称特立独行。正是这种近似江湖世界的工作环境，让阿里人的职场生活变得丰富多彩。

推行"子橙文化"建设,让团队个性百花齐放

阿里工作哲学

阿里巴巴非常重视激发员工的创意。随着集团不断把做大的业务改造成子公司,阿里巴巴的企业文化也发展到了一个新的阶段。2008年,时任阿里巴巴集团首席人才官兼人力资源总裁的彭蕾发起"子橙文化"建设,阿里的每个子公司纷纷推出自己的团队文化。这使得阿里人的团队生活变得更加丰富多彩,形成了更牢固的共同精神纽带。

橙色是阿里LOGO的颜色,"子橙文化"寓意是阿里集团旗下每个子公司的企业文化既有自己的个性,又跟阿里总部的核心价值观有着相同的内核——"六脉神剑"文化。阿里人信奉"虚事实做,实事虚做"的理念。百花齐放的团队文化建设就是最典型的"虚事实做"。

彭蕾说:"阿里巴巴子公司化以后,每个子公司都有各自鲜明的业务特性……每个子公司因业务差别,文化痕迹不同,如果全部套用'六脉'文化,文化在子公司很难落地。'六脉神剑'是大的基石,在这个基

石上每个子公司有独立、区别于其他子公司的分支。"

为了避免团队文化建设流于形式，阿里不仅从2003年开始就把价值观在绩效考核中的比例提升到50%，还推出了各种新制度来改善各公司的工作氛围。比如从2019年开始设置集团认证的企业文化推广大使——"传橙官"。

工作实例

2019年3月12日是植树节。来自阿里集团、蚂蚁金服、菜鸟的多名讲师在西溪园区相会，共同参加了以"薪火相传·传橙百年"为主题的讲师大会。在百年传承平台上授课的1 154名讲师被集团正式授予了"传橙官"的荣誉称号，其中百余位优秀讲师获得了"阿里传橙大奖"。

集团认证的首批"传橙官"平均年龄37岁，平均入职时间超过5年，包括24岁的"95后"技术小哥和62岁的资深前辈。据统计，阿里集团全体"传橙官"在2018年用于备课、授课的时间累计达到5万小时，总时长相当于5.7个年头。

解析：阿里高层对"传橙官"的定位是"专业的领航者+管理的布道者+企业文化的传承者"。由此可见，"传橙官"是阿里企业文化的重要代表，在促进各团队文化发展方面起着重要作用。阿里巴巴集团组织与人才发展负责人谭亮指出，所有的"传橙官"都是兼职的，在课堂传授的东西是鲜活的、有生命力、有业务思考的"干货"。

彭蕾说："我特别希望，也相信我们能够在工作场所里营造出一种氛围——不仅一起工作，同时也共同生活，共同享有相同的精神领域。在这样的氛围下，我们的心灵是放松的，可以更清醒地认知周围的伙伴，更加热爱生活、同事和工作。尽管我们的工作依然每天朝九晚五，下班回家依然是筋疲力尽，但这所有的累都仅停在身体层面，我们的心里没有纠结。"

通过在不同的子公司缔造不同的"子橙文化"，各支团队的精神文化纽带越来越牢固。在此基础上，阿里集团又设置"传橙官"来确保各个团队的"子橙文化"不偏离总部的核心价值观。如此一来，阿里的文化建设就能保证个性与共性的统一，对广大员工更有感召力。

实战心得

> 阿里巴巴鼓励员工发扬个性，并且支持各个团队发展出自己的特色文化。许多阿里传奇战队都有跟其他团队不同的文化传统。尊重个性不仅是为了贯彻以人为本的人性化管理思想，更是为了激发员工的创意。在不尊重个性的环境中，员工不可能按照自己的个性去发展，也不敢提出什么别具一格的创意。想要百花齐放，就得给员工更多发挥想象力的自由空间。

组织让大家感到自豪的纪念仪式

阿里工作哲学

"快乐工作"的本质是尊重员工,让员工获得更多的成就感、自豪感和满足感。阿里巴巴管理层出于这方面的考虑,推出了"年陈文化",为员工设计了不少纪念仪式。通过这些仪式,员工会充分感受到组织对自己的尊重,从而保持更长久的工作动力。这对员工缓解精神倦怠和消除消极心态有明显的功效。

俗话说:"酒是陈的香。""年陈"一词就是用来表明酒的年份的。阿里"年陈"文化借用了这个概念,也给不同入职年限的员工取了具有阿里特色的昵称。

1. "一年香"

入职满一年的员工被阿里人称作"一年香"。刚来公司一年的新人,对很多东西尚不熟悉,还处于磨合阶段。他们在这个阶段的主要任务是"认同",了解和认同阿里巴巴的企业文化价值观。"一年香"的纪念品是一枚徽章,上面有阿里LOGO上的笑脸。

2. "三年醇"

入职满三年的员工被阿里人称作"三年醇"。在公司待了三年的人已经融入阿里巴巴的环境。他们很清楚公司要向什么方向发展,需要什么样的人才,希望自己做出什么成果。公司各大区会组织"三年醇"成人礼活动,所有入职满三年的员工都会得到白玉雕成的吊坠作为纪念。活动上还有宣誓、大合照等仪式。

3. "五年陈"

入职满五年的员工被阿里人称作"五年陈"。他们将得到更优厚的待遇,并且多了一份向新人传承阿里文化的使命。"五年陈"的纪念品是刻有该员工姓名缩写的白金戒指。阿里巴巴每年会举办四次隆重的"授戒仪式",全球所有满足条件的"五年陈"都会受邀去杭州总部参加这个仪式。马云会亲自给每一位"五年陈"带上白金戒指。

在此基础上,阿里巴巴对五年以上的不同年限的员工授予不同的戒指,并举行正式的"授戒仪式"。比如,入职十年的员工被称为"十年陈"。这些纪念仪式对提高员工的自豪感、满意度和成就感起了很大的作用。

工作实例

张蓓蓓是2006年加入阿里巴巴的,最初做的是电话销售。因为没有经验,她做得很辛苦,常常凌晨三点才回家,以至于家人一度误以为她进了一家传销组织。张蓓蓓对工作非常投入,后来成为同期全国第一个晋升为P7的"小政委",还拿到了象征阿里"政委"最高荣誉的"东方红奖"。

2016年7月6日,时任中供华南大区"大政委"的张蓓蓓来到办公室时,她的同事们为她准备了短暂而热烈的欢庆仪式,还送了她一个蛋糕,庆祝她正式成为"十年陈"。已经离开阿里的元老关明生恰好在广州,晚上也请她一起进餐表示祝贺。

这些都让张蓓蓓很感动,也很自豪。她把这一天的照片发给家人看。她的父亲回复道:"珍惜今天,珍惜阿里。"

解析:阿里"年陈"文化的纪念仪式是一种精神激励手段,充分体现了"快乐工作,认真生活"的价值观。阿里有句"土话":"If not now, when? If not me, who?"这句让人热血沸腾的豪言壮语,洋溢着"舍我其谁"的自豪感与使命感。虽然公司每年的人才流动都比较大,许多人还没到"一年香""三年醇"就离开了,但留下来的往往是千锤百炼,忠于企业使命和价值观的人才。

实战心得

有些人觉得搞这些仪式是形式主义。这种观点未免肤浅。阿里巴巴为员工组织各种纪念仪式,用庄重的仪式表达公司对每个奋斗者的重视。对尊重的需求在马斯洛需求层次理论中的地位仅次于对自我实现的需求,属于高层次的心理需求。当员工感觉自己得到了尊重和认可时,会爆发更多的力量去做好工作。这种精神激励带来的效果要远超简单地发奖金的效果。

邀请离职的"校友"回家聚一聚

> **阿里工作哲学**
>
> 一般的企业对离职员工并不上心,阿里巴巴则与众不同。阿里人把已经从公司离职的人称为"校友",并且会像学校一样定期举行活动,邀请这些"校友"参加。此举不光是因为阿里巴巴这家企业从创立之初就很重情义,更重要的是,这种方式可以吸引一部分人才回流。即使"校友"们不愿意回阿里这座"大学校",也会成为传播阿里文化的一个节点。这对阿里人未来的工作有很大的帮助。

2017年9月9日,阿里巴巴B2B员工大会在杭州举办。已经从B2B离职多年的老员工黄榕光、俞朝翎、雷雁群、朱志华等从不同地区赶回来参加聚会,一起为马云送上了一个生日蛋糕。黄榕光说这是因为他离职后在广州过生日时,马云专门给他发了一个祝贺视频。数以千计的离职员工来参加老东家组织的活动,这从侧面体现了阿里人重情义的团队文化。

阿里巴巴的创业之路非常艰辛。"阿里铁军"在艰苦奋斗的过程中结下了深厚的情义。马云有句话叫作"在没人温暖你的时候，你要学会用左手温暖你的右手"。阿里人还常说一句话："当你的伙伴需要你伸出一只手时，不妨把肩膀也给他。"正是这种同甘共苦、相互帮助的精神让"校友"们对阿里巴巴念念不忘。

随着"校友"人数不断增加，阿里"校友会"也越办越大。2018年11月22日，阿里巴巴在杭州、北京、香港同步举办第三届阿里"校友大会"。集团CEO张勇宣布："阿里人的工号永远会保留，相信创造和拥抱变化是阿里人不变的精神连接。"在这次"校友大会"中，阿里"校友会"也被正式命名为"102班"，寓意为广大"校友"永远是阿里巴巴的同行者，要共同见证这家企业走到102年。马云也被称为"102班"的班主任。

事实上，很多"校友"只是不在阿里巴巴任职，但还跟阿里有着千丝万缕的关系。他们往往会把当初在阿里学到的东西复制到新工作地，让自己的公司也带上一丝阿里风格。此外，"校友"们还成立了前橙会、初橙会等组织，为阿里系出身的创业者牵线搭桥，与他们共享资源。

比如，2019年阿里"校友"黄埔榜年中峰会，就是由前橙会主办，初橙会、初橙商学院联合承办的。在这次"校友会"上，阿里巴巴公益联合前橙会发起万人百城"益"起来的公益项目。因为阿里人一直有个共同的理想，那就是一群有情有义的人在一起做一件有价值、有意义的事。

彭蕾在这次"校友会"上发表讲话。她说："希望所有的阿里同学，阿里'校友'，还有我们亲爱的各位阿里家属，在接下来的日子，能够真的实现我说的那'三个H'，Happy（开心）、Healthy（健康）和

Home（家）。"这个充满人情味的"三个H"理论，是对阿里"校友文化"的最佳注解。

迄今为止，从阿里"毕业"的"校友"早已超过10万人，他们在世界各地开枝散叶。离开的"校友"数量远比在职的阿里人多。他们通过各种组织，又融入了阿里的创业生态圈，以新形式来继续跟老东家合作。在可以预见的未来，阿里"校友"在阿里商业生态系统中扮演的角色也将越来越重要。

实战心得

阿里巴巴走过这么多年的风风雨雨，人员结构早已发生巨变。离开阿里的人不一定都是失败者。马云曾经表示，许多离开阿里的人对公司也做出了贡献，自己还未必知道。阿里巴巴从创立以来就很讲感情。"中供铁军"甚至把有情有义视为团队文化的核心部分。组织阿里"校友会"，不仅很好地传达了企业文化的温度，也给一些愿意回归的人才一个重返阿里的契机，可谓一举两得。

阿里日：创建有血有肉的企业文化品牌

阿里工作哲学

马云说："要走得久，还需要有组织。要建立强大的组织，建立一种组织文化，因为只有强大的组织和文化才能吸引优秀的人才。文化强，则企业强。"为了建设强大的组织文化，马云在员工的建议下设立了"阿里日"。阿里日从此成为阿里人开展团队建设工作的重要节日，把"认真生活，快乐工作"的口号真正落到了实处。

2003年的"非典"给阿里巴巴带来了很多困难，但众人精诚团结、互相鼓励，结果不仅生病的员工成为杭州首位治愈的患者，公司业绩也高歌猛进。2004年3月，阿里员工屠溶发邮件倡议公司设立一个纪念阿里精神的日子。2005年4月20日，马云向全体员工宣布把每年的5月10日定为"阿里日"。

阿里日是所有阿里人的节日。设置阿里日是为了纪念阿里人共同抗击"非典"时表现出的团结、敬业、互助、永不放弃的精神。此举体现了阿里做企业文化建设的重要理念——仪式固定化。

马云等人一贯主张"虚事实做"。企业文化建设是虚的，价值观考核与各种各样的团队建设活动把企业文化做实了。这就是虚事实做。仪式固定化就是把某些事和某些活动固定在每年的某个特定日期来进行，使之与其他活动分开，具有独特的意义。这将使该仪式更有神圣感，使人们更有参与感。

谁都知道团队建设活动是用来增进全体成员的友谊的，但许多公司做得并不好，完全流于形式，而没有实质性的内容。由于没有将仪式固定化，这些活动组织得十分粗糙散漫，根本起不到作用。阿里人鉴于这种情况，就设置了阿里日及其他多个固定仪式。通过这种方式，让组织者和参与者真正重视相关活动，真正投入其中，共同塑造文化氛围，形成更紧密的精神情感纽带。

工作实例

每年的阿里日，员工的集体婚礼都是重头戏。比如2017年5月10日的第13个阿里日，102对新人在西溪园区举行集体婚礼。这是阿里巴巴举办的第12届集体婚礼。

这一届新人集体穿唐装，按中国传统礼仪，举办了中式婚礼。据悉，新人中有24对双职工，"90后"新人多达42%，技术岗出身的新人占比49%。还有12对新人是阿里巴巴的生态伙伴，而不是内部员工。

无论身在何处，马云都会尽量在阿里日赶回来亲自给举行集体婚礼的新人证婚。但那天他正在海外出差，未能及时赶回来。所以现场的证婚人是张勇。马云则在网上远程送上证婚词祝福新人。

除了集体婚礼外，阿里日同时也是员工的"亲友日"和"校友"们的"回家日"。集团都会对阿里人的亲戚朋友们开放,让他们近距离感受阿里文化。已经离开阿里的"校友"们回来看看,感受熟悉的氛围,认识新员工,与老熟人联络感情。

解析: 马云曾经说:"文化的本质,是要让你的产品有品质。什么叫品质?就是要有品位、有质地。有品质的公司才能生产出有品质的产品和提供有品质的服务。而有品质的公司,一定是有品质的员工造就的。"

阿里日就是培养品质的一项重要活动。它不仅是一个简单的精神纪念日,更是一个员工进行集体交流的特定时间,同时也是公司跟员工家属、合作伙伴、已离职"校友"定期交流的渠道。这对巩固和发展阿里巴巴企业文化,贯彻落实"快乐工作,认真生活"的事业观起到了不可磨灭的积极作用。

实战心得

任何能力超群的人才,都不会心甘情愿地待在冷冰冰的组织当中。只要一有机会,他们就会去一个工作起来更加愉快的地方。阿里巴巴打造"阿里日"这个企业文化品牌,最大限度地强化了组织的凝聚力,让组织文化真正成为公司全体成员的共识。如果说个人高效工作法只有"一人敌"的本领,那么用阿里日来感召奋斗者就好比有"万人敌"的智慧。

后记
POSTSCRIPT

工作在我们的人生中占了很大的比重。无论你从事哪行哪业,要想过上更好的日子,创造出更精彩的人生,就不能不在工作上下功夫。

没有谁不希望自己提高工作效率,更轻松地完成更多任务,走上成功之路。马云多次大谈"懒人理论",他有句名言叫作"你要相信你的顾客都是懒人"。在阿里人看来,合理的工作方法就是"聪明地偷懒"。

不过话说回来,阿里人实际上都是勤奋的人。每当完成原先觉得困难的工作后,阿里人又会向更有难度但收益很大的任务发起挑战。这种力争上游的精神成就了阿里巴巴的宏伟事业,也成就了每个阿里人。

由于篇幅有限,许多关于阿里人的令人惊叹的故事没能展示出来,不免让笔者有些遗憾。阿里人的工作法看起来很简单,学起来也不复杂,但真正做起来却不容易。因为"相信"二字并不容易做到。许多想提高工作效率的人急于求成,觉得这些都是花招,并不真正相信它,于是只能学得个皮毛。这样自然无法得到满意的效果。

受马云的影响,阿里人都相信"相信的力量"。因此,他们才能把在阿里巴巴学到的工作方法贯彻到底,达到熟能生巧的地步,又不断推陈出新,继续冲在对手的前面。

最后,愿大家都能做好自己的工作,努力改变自己的生活。

· 陈 伟 ·

商业畅销书作家，企业管理顾问，互联网领域的实践派。对电商和金融体系有着深入的认识和研究，长期致力于企业管理创新和管理提升。他的作品多被企业选定为内部培训教材，重印数十次，为千万读者提供了通俗易懂的阅读信息和新鲜的科技资讯。

阿里巴巴工作法：马云的工作哲学

责任编辑：蒋丽华　　见习编辑：顾　熙
装帧设计：尧丽设计　　策　划：花　火　戚朔方

微信公众号：阅读醉时光